Sennett & a Educação

COLEÇÃO
PENSADORES & EDUCAÇÃO

Roberto Rafael Dias da Silva

Sennett & a Educação

autêntica

Copyright © 2015 Roberto Rafael Dias da Silva
Copyright © 2015 Autêntica Editora

Todos os direitos reservados pela Autêntica Editora. Nenhuma parte desta publicação poderá ser reproduzida, seja por meios mecânicos, eletrônicos, seja via cópia xerográfica, sem a autorização prévia da Editora.

COORDENAÇÃO DA COLEÇÃO PENSADORES & EDUCAÇÃO
Alfredo Veiga-Neto

CONSELHO EDITORIAL
Alfredo Veiga-Neto (UFRGS), *Carlos Ernesto Noguera* (Univ. Pedagógica Nacional de Colombia), *Edla Eggert* (UNISINOS), *Jorge Ramos do Ó* (Universidade de Lisboa), *Júlio Groppa Aquino* (USP), *Luís Henrique Sommer* (UNISINOS), *Margareth Rago* (UNICAMP), *Rosa Bueno Fischer* (UFRGS), *Sílvio D. Gallo* (UNICAMP)

EDITORA RESPONSÁVEL
Rejane Dias

EDITORA ASSISTENTE
Cecília Martins

REVISÃO
Priscila Justina

CAPA
Guilherme Fagundes
(sobre imagem de
Instituto CPFL/Telos
Empreendimento Culturais)

DIAGRAMAÇÃO
Guilherme Fagundes

Dados Internacionais de Catalogação na Publicação (CIP)
(Câmara Brasileira do Livro, SP, Brasil)

Silva, Roberto Rafael Dias da
   Sennett & a Educação / Roberto Rafael Dias da Silva. -- Belo Horizonte : Autêntica Editora, 2015. -- (Coleção Pensadores & Educação)

   ISBN 978-85-8217-754-9

   1. Educação 2. Sennett, Richard, 1943- - Crítica e interpretação I. Título. II. Série.

15-06846   CDD-370.1

Índices para catálogo sistemático:
1. Sennett : Educação   370.1

Belo Horizonte
Rua Aimorés, 981, 8º andar
Funcionários . 30140-071
Belo Horizonte . MG
Tel.: (55 31) 3214 5700

Televendas: 0800 283 13 22
www.grupoautentica.com.br

Rio de Janeiro
Rua Debret, 23, sala 401
Centro . 20030-080
Rio de Janeiro . RJ
Tel.: (55 21) 3179 1975

São Paulo
Av. Paulista, 2.073,
Conjunto Nacional, Horsa I
23º andar . Conj. 2301 .
Cerqueira César . 01311-940
São Paulo . SP
Tel.: (55 11) 3034 4468

*Aos artífices que educam,
na escola e fora dela.*

Sumário

Estudar o pensamento social de
Richard Sennett: uma introdução... 9

CAPÍTULO I
Sujeito, trabalho e cultura em
contextos de vulnerabilidades permanentes 17

CAPÍTULO II
Educação, flexibilidade e capacitações:
um exame da cultura do novo capitalismo 33

CAPÍTULO III
Autoridade, respeito e constituição subjetiva:
Pensar a formação humana em tempos meritocráticos....... 57

CAPÍTULO IV
Artesania e cooperação: alternativas
políticas aos modos de pensar o trabalho............................. 77

Para finalizar – o Humanismo de Sennett 103

Indicações bibliográficas 107

Referências 111

Dados biográficos de Richard Sennett 117

Estudar o pensamento social de Richard Sennett: uma introdução

Richard Sennett não realiza pesquisas no campo educacional, nem mesmo apresenta publicações descrevendo nuances específicas das políticas de escolarização de nosso tempo. Entretanto, suas análises sobre o campo do trabalho, das modificações culturais advindas das reconfigurações do capitalismo, assim como dos modos pelos quais temos sido conduzidos na busca de formação permanente em uma sociedade das capacitações, muito têm contribuído para uma reflexão contemporânea acerca dos sentidos das instituições escolares (Silva, 2013; Ferreira, 2014). Sua abordagem, bastante perspicaz, mobiliza-nos na direção de uma rigorosa reflexão sobre os sentidos da formação humana em uma época marcada pela meritocracia e pelo desejo incessante de qualificar os desempenhos dos indivíduos. Sua busca por descrever densamente as condições culturais do novo capitalismo são, a partir dos argumentos que produzirei no presente livro, importantes ferramentas conceituais para o estudo das políticas contemporâneas de escolarização.

Meu encontro com o pensamento desse sociólogo ocorreu nos estudos e pesquisas que desenvolvi sobre a constituição contemporânea dos estudantes universitários, nos quais tomei como superfície analítica os cadernos jornalísticos direcionados aos estudantes que estavam se preparando para o ingresso na universidade. Constatei que os referidos estudantes, ao serem posicionados como um público naqueles artefatos midiáticos, tinham sua conduta regulada pela realização de permanentes investimentos em sua formação, visando ampliar sua produtividade econômica (SILVA, 2010; SILVA; FABRIS, 2010). Tomando como ênfase analítica os Estudos Foucaultianos, em especial em torno das noções de governamentalidade e biopolítica, produzidos pelo filósofo francês na segunda metade da década de 1970, reconheci a emergência de um sujeito empresarial – que, naquele caso, nomeei através da constituição de um "universitário S/A".[1] Para a composição daquele diagnóstico, contextualizado pelas condições do capitalismo neoliberal, estabeleci uma primeira aproximação aos estudos sociológicos de Richard Sennett.

As condições de um capitalismo flexível implicavam, analiticamente, na compreensão de novas perspectivas para os modos pelos quais os sujeitos experienciavam suas relações com o trabalho, com a cultura e também consigo mesmos. Em estudos posteriores, produzi um campo de investigação acerca dos modos de produção da docência no Ensino Médio no Brasil (SILVA, 2013; SILVA, 2014; SILVA; FABRIS, 2013). Naquelas condições investigativas descrevi um conjunto de tecnologias otimizadoras que almejavam elevar a produtividade econômica dos professores brasileiros, a partir das estratégias da interatividade, da inovação e da proteção social. Destacava-se, naquele momento, a intensificação dos investimentos políticos e econômicos sobre o campo da docência no Ensino Médio, priorizando a constituição de um país competitivo, apropriado às dinâmicas voláteis do "capital impaciente", valendo-me da significativa expressão do economista Bennett Harrison. Nesta pesquisa,[2] mais uma vez, os estudos sennettianos permitiram-me a produção de um diagnóstico crítico das questões do nosso tempo.

---

[1] A dissertação de mestrado intitulou-se *Universitários S/A: estudantes universitários nas tramas de Vestibular/ZH* e foi desenvolvida no Programa de Pós-Graduação em Educação da Unisinos, sob a orientação da professora Elí Fabris (SILVA, 2008).

[2] Refiro-me à tese de doutorado *A constituição da docência no Ensino Médio no Brasil contemporâneo: uma analítica de governo*. Também foi desenvolvida no Programa de Pós-Graduação em Educação da Unisinos, sob a orientação da professora Elí Fabris (SILVA, 2011).

Importa destacar que aprofundei meus estudos acerca do pensamento social de Richard Sennett nas atividades profissionais que desenvolvo junto ao Programa de Pós-Graduação em Educação da Universidade Federal da Fronteira Sul (UFFS), câmpus de Chapecó/SC, assim como nas atividades produzidas no âmbito do Grupo de Pesquisas em Educação, Culturas e Políticas de Escolarização, vinculado à mesma instituição. Sob essas condições profissionais – através de pesquisas, seminários, estudos dirigidos e orientação de dissertações de mestrado –, consegui avançar no estudo sistemático das obras do referido sociólogo, produzindo derivações de sua abordagem teórica para o campo das políticas educacionais na Contemporaneidade.

Avançando nestes escritos introdutórios, mobilizando alguns esforços na direção do objetivo deste livro, importa assinalar que Richard Sennett apresenta uma trajetória intelectual bastante diversificada. Após ter estudado música entre os anos de 1956 e 1962, graduou-se em Sociologia pela Universidade de Chicago no ano 1964. Realizou seus estudos de pós-graduação em Harvard, tendo defendido sua tese em 1969. Sua produção intelectual transita por diferentes áreas, desde o Urbanismo e a Antropologia, até a Psicologia e a Literatura. Foi professor em Yale entre os anos de 1967 e 1968, mas iniciou sua carreira como pesquisador em 1973 na New York University, coordenando diferentes centros e programas de pesquisa. A partir do ano 1988 começou a pesquisar e a coordenar atividades acadêmicas na London School of Economics, conduzindo ações investigativas no campo da teoria social. Foi consultor da Unesco na área de planejamento urbano, tendo coordenado a comissão de Estudos Urbanos da organização internacional no período entre 1988 e 1993.

Em seu site pessoal o pesquisador define-se como pertencente ao campo dos "Estudos Culturais"; entretanto, em um sentido não convencional para essa classificação. Tal observação é justificada pelo fato de que o autor não focaliza o estudo sistemático das culturas populares, mas procura examinar os modos pelos quais os sujeitos relacionam-se com seu trabalho e com o local em que vivem. Em sua própria acepção, a ênfase analítica de seu trabalho "concentra-se em como as pessoas podem se tornar intérpretes competentes de sua própria experiência, apesar dos obstáculos que a sociedade possa colocar em seu caminho". No limite, podemos inferir que seus estudos sociológicos tomam a constituição dos sujeitos como objeto privilegiado de estudo. Metodologicamente, frente a essa intenção, Sennett tem optado por entrevistas, histórias de vida e estudos etnográficos nos quais consegue interagir com os sujeitos em ação.

Do ponto de vista teórico, o sociólogo entende que suas análises sociais articulam-se a um determinado tipo de pensamento pragmático, que transita por autores como Willian James e Richard Rorty. Essa busca pela compreensão dos sujeitos em ação conduz suas pesquisas a uma intensa aproximação a outros pensadores contemporâneos, como Foucault, por exemplo, o qual em uma entrevista recente indicou como "um grande amigo" (SENNETT, 2009).

Como todo grande pensador, a obra de Sennett passou por diferentes fases, as quais reorganizar sistematicamente apresenta-se como uma tarefa difícil. Os estudos produzidos na década de 1970, em uma primeira grande fase de sua produção, versavam sobre a produção das identidades pessoais nas cidades modernas. Nessa direção, em parceria com Jonathan Cobb, escreveu sobre as identidades da classe trabalhadora. A seguir, já em 1977, debruçou-se sobre os sujeitos nas cidades, tendo nesse período publicado duas importantes obras sociológicas – *The fall of public man* [*O declínio do homem público*], em 1977, e *Authority* [*Autoridade*], em 1980. Após um intenso trabalho sociológico, Sennett entendeu que sua escrita estava ficando muito formalizada e decidiu investir em outras frentes de trabalho.

Com essa intenção, na década de 1980 Sennett interrompeu sua significativa produção sociológica e passou a elaborar romances. Sua investida no campo da literatura resultou na publicação de três livros: *The Frog Who Dared to Croak* (1982), *An Evening of Brahmams* (1984) e *Palais Royal* (1987). Ainda nessa década, o sociólogo também produziu mais duas obras referentes aos Estudos Urbanos – *The Conscience of the Eye* (1990) e *Flesh and Stone* (1992). Nesse período, Sennett consolida uma significativa produção acerca dos espaços das cidades, inclusive examinando os modos pelos quais as experiências corporais vão sendo tecidas pela evolução urbana.

Com as mudanças nos paradigmas produtivos, assim como com a emergência e a consolidação das políticas neoliberais, o pensador dirige sua preocupação investigativa para a produção das subjetividades no mundo do trabalho. O livro fundador dessa nova etapa de pensamento é *The Corrosion of Character* [*A corrosão do caráter*], publicada originalmente no ano 1998. É a partir desta etapa de sua produção que explorarei em minha sistematização para este livro. A compreensão do mundo do trabalho, em uma abordagem etnográfica, foi estudada a partir das experiências e dos sentidos atribuídos por funcionários de empresas americanas, sob as condições emergentes da "nova economia". Nesta série, o segundo livro publicado foi *Respeito: a formação do caráter em um mundo desigual*, no ano 2002. Na obra citada o sociólogo discorre sobre os efeitos subjetivos das novas formas de trabalho, considerando o contexto de mudança das formas de intervenção do Estado. Em tais condições, publicou ainda um terceiro livro, intitulado "A cultura do novo capitalismo" (2006). Nessa obra, a qual examinarei atentamente ao longo desta obra, Sennett apresenta uma ampla abordagem acerca dos deslocamentos efetuados entre os arranjos do capitalismo industrial e suas formas contemporâneas. As mudanças institucionais, a formação humana em sociedades de capacitações e os comportamentos consumistas são alguns dos temas explorados.

Mais recentemente, o sociólogo iniciou um novo conjunto de trabalhos explorando aspectos mais positivos com relação ao trabalho. Dessa forma, como um novo direcionamento em sua trajetória investigativa, Sennett enfocou os trabalhos manuais em *O artífice* (2008) e as políticas e práticas de cooperação, em sua obra mais recente, *Juntos* (2012). Aqui, Sennett começa a explorar alternativas de pensamento aos modos de vida desenvolvidos na cultura do novo capitalismo. Mobiliza seu pensamento na busca pela compreensão de práticas alternativas aos regimes meritocráticos fabricados em nosso tempo.

Importa explicar ainda que a proposta deste livro, em um momento inicial, levava como título "A escola do novo capitalismo: interlocuções com Richard Sennett". Entretanto, ao longo do processo de escrita, fui notando uma intensa aproximação ao pensamento social do autor, e essa dimensão adquiriu a centralidade organizativa da presente obra. Com a intenção de sumarizar algumas contribuições do pensamento social de Richard Sennett para os estudos e pesquisas sobre a Educação na Contemporaneidade, não assumo um compromisso de esgotar todos os conceitos – intensos e diversificados – desenvolvidos pelo sociólogo. Desejo estabelecer uma breve descrição de seus pressupostos teóricos, colocando-os em interlocução com a agenda educacional da atualidade. Em torno disso, importa ainda destacar que os livros de Sennett são amplamente traduzidos no Brasil e, de forma cada vez mais intensa, são considerados no âmbito das diferentes ciências sociais.

De acordo com esse quadro de intencionalidades, informo que esta produção estará organizada em quatro capítulos. No *primeiro capítulo* estabeleço uma revisão dos modos pelos quais os indivíduos contemporâneos têm suas vidas conduzidas nas tramas da cultura e do trabalho, dimensionando-as na emergência e na consolidação de um capitalismo flexível. Considerarei como aporte privilegiado para essa reflexão os conceitos sennettianos de "aptidões portáteis" e "vulnerabilidades permanentes", intensificados em cenários de intensa flexibilidade. Do ponto de vista das políticas de escolarização, argumentarei que tais condições potencializam a composição de uma agenda pedagógica demarcada pela inovação permanente e pela inserção privilegiada da temática do empreendedorismo.

No *segundo capítulo*, a partir do diagnóstico da constituição de uma cultura do novo capitalismo, produzirei um campo de reflexões em torno das concepções de Educação emergentes em uma "sociedade das capacitações". As mudanças da constituição subjetiva na atualidade, associadas a um gerenciamento dos talentos (com vistas ao combate do "fantasma da inutilidade") também serão examinadas minuciosamente nesse momento. Ainda produzirei, no âmbito dessa seção, algumas conexões teóricas entre o diagnóstico sennettiano sobre a cultura do novo capitalismo e outras abordagens teóricas, dentre as quais destacam-se o neomarxismo italiano (em especial, os textos de Antonio Negri e Maurizio Lazzarato) e os estudos de inspiração foucaultiana produzidos no Brasil acerca dos processos educacionais (especificamente através da leitura proposta por Alfredo Veiga-Neto).

No terceiro capítulo, considerarei como ponto de partida o debate produzido em torno das noções de perícia e meritocracia, na Contemporaneidade. De acordo com Sennett, acerca da formação humana, constata-se um deslocamento dos sentidos do trabalho enquanto realização pessoal, realizado pelo "prazer de fazer bem feito", para o regime da meritocracia, que supõe um permanente desenvolvimento de capacidades que capitalizem a intervenção profissional dos indivíduos. Esse deslocamento – evidenciado mais nitidamente desde sua elaboração em *Respeito* – também assinalará a própria "virada" ocorrida no pensamento sennettiano na última década, na qual busca encontrar alternativas possíveis ao contexto do capitalismo contemporâneo, sendo exemplares as questões da cooperação e da artesania.

O quarto capítulo, nomeado "Artesania e cooperação: alternativas políticas aos modos de pensar o trabalho", discorrerá sobre os desenvolvimentos atuais dos estudos desenvolvidos pelo pensador. Produzirei uma sistematização das principais contribuições das suas duas últimas obras, *O artífice* e *Juntos*, procurando cartografar suas potencialidades para a compreensão da educação de nosso tempo. De imediato, vale apresentar que as noções de artesania e cooperação são entendidas em um sentido pragmático, ou seja, são descritas como ferramentas utilizadas pelas pessoas para modelar seu empenho pessoal, suas relações sociais e o ambiente físico em que habitam. As referidas noções tornam-se, ainda, importantes habilidades que capacitam os indivíduos "a entender e mostrar-se receptivo ao outro para agir em conjunto".

Por fim, nas considerações finais, realizarei uma retomada dos sentidos de "humanismo" emergentes da leitura pragmática de Richard Sennett. Ao colocar-se na descrição crítica do capitalismo flexível e, posteriormente, apostar na cooperação e no trabalho artesanal como formas alternativas de vida, o pensador social entende que seja possível revitalizar alguns sentidos do humanismo para os processos formativos hodiernos. Em ensaio recente, defende que o rótulo "humanista" não supõe apenas uma visão de mundo ultrapassada, como pode parecer, mas deveria ser vista como "um símbolo de honra". Em suas palavras, "a ênfase do humanismo nas narrativas de vida, na enriquecedora experiência da diferença, e nas ferramentas de avaliação em termos da complexidade humana em vez da mecânica são valores vivos – e mais, eu diria que são medidas críticas de apreciação do estado em que se encontra a sociedade moderna" (SENNETT, 2011, p. 30).[3] Diferentemente de um exercício nostálgico, Sennett supõe que os valores humanistas sejam redimensionados nas práticas e experiências sociais e, ao mesmo tempo, sejam permanentemente colocados em discussão. Ao final, elencarei um conjunto de sugestões bibliográficas para um aprofundamento sobre o autor, bem como uma pequena lista de sites com informações complementares sobre as questões abordadas nessa obra. Aproveito ainda este momento para manifestar meu agradecimento ao professor Alfredo Veiga-Neto, coordenador da coleção, pelo estímulo e apoio ao desenvolvimento deste livro, bem como à Editora Autêntica pela confiança depositada neste projeto. Boa leitura a todos!

---

[3] Os trechos de artigos de Richard Sennett, originalmente publicados em língua inglesa ou espanhola, foram traduzidos e revisados por mim.

CAPÍTULO I

SUJEITO, TRABALHO E CULTURA EM CONTEXTOS DE VULNERABILIDADES PERMANENTES

O tempo da flexibilidade é o tempo de um novo poder. Flexibilidade gera desordem, mas não livra das limitações
(SENNETT, 1999, p. 69).

Recentemente uma revista informativa brasileira, de publicação semanal, trazia estampada em sua capa uma manchete bastante provocativa, referindo-se ao tratamento avaliativo para novas habilidades e competências exigidas para os estudantes de nosso país. "Caráter se aprende na escola"; com essa manchete a referida publicação indicava que, além das disciplinas de Língua Portuguesa e de Matemática, os estudantes seriam avaliados em outros aspectos de ordem comportamental, tais como perseverança, otimismo e curiosidade. A reportagem bastante extensa, publicada em outubro de 2013, remetia-se a uma prova desenvolvida pelo Instituto Ayrton Senna, em parceria com a Organização para a Cooperação e o Desenvolvimento Econômico (OCDE), visando avaliar os estudantes brasileiros em um conjunto de novas habilidades. Tal instrumento avaliativo foi aplicado, experimentalmente, a 55 mil estudantes do Rio de Janeiro no início do mês de outubro daquele ano.

Na argumentação conduzida pelo texto jornalístico, a partir de algumas narrativas de estudantes bem-sucedidos, sugeria-se que, hoje em dia, não mais basta ser apenas inteligente: fazer cálculos ou interpretar textos. Assinalava a necessidade, desencadeada e reafirmada por educadores, psicólogos e economistas, de analisar as características individuais que conduzem ao sucesso. Partia-se do pressuposto de que "há evidências cada vez mais fortes de que certos traços de caráter e personalidade, como persistência e autocontrole, são tão determinantes para a vida estudantil e profissional quanto saber Português e Matemática. São fatores que também ajudam a melhorar as notas dos alunos" (ÉPOCA, 2013, p. 59). Eram de "natureza científica" os sistemas explicativos para a nova forma avaliativa, partindo de alguns dados de pesquisa advindos de diferentes regiões do mundo.

> Há vários jargões científicos para definir essas habilidades. Na psicologia, elas são estudadas como "traços de personalidade" ou "de caráter". Os economistas que estudam educação as chamam de "habilidades não-cognitivas". Os educadores, de "características socioemocionais". No mercado de trabalho, viraram as "habilidades do século XXI". Por trás desses rótulos, está um grupo de fatores, entre eles personalidade, atitudes, comportamentos e crenças dos alunos que não podem ser medidos pelos testes de Q.I. ou pelas avaliações educacionais tradicionais. É o jeitão da pessoa. Não há uma lista definitiva desses valores, mas eles podem ser agrupados assim: *perseverança* (perseguir uma meta, ser disciplinado e resiliente), *autocontrole* (não ceder a impulsos, como ligar a TV na hora de estudar), *extroversão* (não ficar apenas no campo das ideias, conseguir realizar o que planeja), *curiosidade* (estar aberto aos erros, sem medo de assumir riscos), *protagonismo* (acreditar que, com esforço, é possível mudar o que está ruim) e *cooperação* (trabalhar em equipe) (ÉPOCA, 2013, p. 59-60, grifos meus).

Desperta minha atenção o fato de que tais competências subjetivas, ao mesmo tempo em que são desejadas pelo mundo do trabalho, postulam-se como aspectos fundamentais para a composição dos currículos escolares. Certamente que aspectos como curiosidade, perseverança ou protagonismo são aportes fundamentais para a formação dos sujeitos. O que problematizarei, a partir desse momento, é a grade econômica que regula suas lógicas de intervenção nas coletividades escolares. Exemplar nessa direção é a definição de curiosidade evidenciada na reportagem – "A vantagem desse atributo é que pessoas curiosas tendem a ser *abertas a novas experiências e a assumir riscos* – habilidade valorizada no *mercado de trabalho*. Com essa disposição de *experimentar o novo*, o aluno acaba desenvolvendo outra característica fundamental na escola: não ter medo de errar. Os curiosos lidam melhor com o fracasso" (ÉPOCA, 2013, p. 62, grifos meus).

A partir da mobilização desses atributos, entendidos no texto jornalístico como "competências do século XXI", podemos notar a constituição de um processo de potencialização econômica através de um intenso investimento nas subjetividades dos estudantes brasileiros (SARAIVA; VEIGA-NETO, 2009). Para produzir um campo analítico acerca dessa problemática, tal como definido para o escopo dessa produção, examinarei atentamente a produção recente do sociólogo Richard Sennett como aporte fundamental para essa tarefa. Inspirado no livro *A corrosão do caráter* esboçarei, no presente capítulo, uma contextualização dos modos pelos quais as questões do sujeito, da cultura e do trabalho são ressignificados em tempos de flexibilidade.[4]

Para tanto, este capítulo foi organizado em três seções. Na primeira seção delinearei algumas implicações do advento do capitalismo flexível no mundo do trabalho, destacando os deslocamentos subjetivos demarcados entre a rotina e a flexibilidade. A seguir, na segunda seção, ao atentar para as dimensões culturais e subjetivas da forma capitalista emergente, explicitarei um determinado jogo de relações que colocam os indivíduos em situação de *vulnerabilidade permanente*, ao mesmo tempo em que são interpelados, através de uma *nova ética do trabalho*, a colocar em ação um conjunto de *aptidões portáteis*. Na terceira e última seção, ao retomar a reportagem publicada na revista informativa brasileira anteriormente referida, será problematizada a pauta formativa engendrada a partir dos contextos de flexibilidade que caracterizam nosso tempo.

---

[4] Ao descrever as mudanças ocorridas na sociedade contemporânea, em entrevista no ano 2009, Sennett defende que "o capitalismo entrou em uma nova era, que não se pode descrever unicamente em termos de globalização" (p. 2).

A busca pela flexibilidade: o distanciamento da rotina

Após uma significativa produção sociológica em torno dos Estudos Urbanos, em seu livro *A corrosão do caráter* Richard Sennett dirige sua produção acadêmica para as mudanças produzidas no mundo do trabalho, sobretudo a partir do advento do "capitalismo flexível", em suas variadas formas. Assinala, já na introdução da obra, a ênfase hodiernamente atribuída à dimensão da flexibilidade, visto que "pede-se aos trabalhadores que sejam ágeis, estejam abertos a mudanças a curto prazo, assumam riscos continuamente, dependam cada vez menos de leis e procedimentos formais" (SENNETT, 1999, p. 9). A busca pela flexibilidade delineia um distanciamento das estruturas burocráticas, modificando os sentidos do próprio trabalho e, ao mesmo tempo, produzindo ressignificações no caráter dos indivíduos – como indicam as incursões empíricas descritas e analisadas por Sennett.

Partindo das experiências de entrevistados como Rico e Enrico, trabalhadores de gerações diferentes, Richard Sennett (1999) realiza algumas provocações acerca da rotina, uma das mais importantes questões indicadas na literatura sobre a mudança nos paradigmas produtivos. Na aurora do capitalismo industrial, o referido debate perpassava as reflexões de dois grandes pensadores do século XVIII – Denis Diderot e Adam Smith. Uma reflexão positiva é delineada por Diderot, em sua *Enciclopédia*, finalizada em 1772; por outro lado, uma visão negativa foi esboçada em *A riqueza das nações* pelo economista em 1776. No contraste desenvolvido por Richard Sennett (1999), evidenciava-se que "Diderot acreditava que a rotina do trabalho podia ser igual a qualquer forma de aprendizado por repetição, um professor necessário; Smith que a rotina embotava o espírito" (p. 35). Certamente que o pensamento de nossa época se posiciona de forma muito próxima a Smith, na medida que práticas rotineiras são cada vez mais contestadas, tanto subjetivamente quanto na sociedade.

Na *Enciclopédia*, ao apresentar uma fábrica de papel – "L'Anglée", Diderot aponta uma mudança nos sistemas de produção instaurados na Europa, destacando sobremaneira a diferenciação entre a casa e o local de trabalho. Os trabalhadores não dormiam, nem moravam em seus locais de trabalho, precisando deslocar-se diariamente para aquele espaço, ao preço de um salário. Nesse espaço – fora da "economia do *domus*", utilizando a expressão de Daniel Defert – emerge uma nova economia do trabalho que, conforme Sennett (1999), primava pela ordem. "O segredo dessa ordem industrial estava em suas rotinas precisas. *L'Anglée* é uma fábrica em que tudo tem seu lugar e todos sabem o que fazer" (p. 37).

Diferentemente do filósofo francês, Adam Smith reconhecia que as imagens fraternas e ordeiras do tempo são problemáticas; visto que, em sua leitura, "a rotina embrutece o espírito". Segundo Smith, a rotina nega as possibilidades de criação e de comunicação, tão necessárias para a consolidação de mercados livres. Nessa direção, "*A Riqueza das Nações* se baseia numa única grande intuição: Smith acreditava que a livre circulação de moeda, bens e trabalho exigiria que as pessoas fizessem tarefas cada vez mais especializadas" (p. 39). O modelo de fábrica descrito por Smith é a de alfinetes, que também organizava-se a partir de modelos estruturados de tempo e de produção, diferenciando espaços de trabalho e de habitação. Entretanto, sua leitura sobre a rotina não é otimista.

> Smith reconhece que a decomposição das tarefas envolvida na fabricação de alfinetes condenaria os trabalhadores individuais a um dia de um tédio mortal, hora após hora passadas num serviço mesquinho. Em certo ponto, a rotina torna-se autodestrutiva, porque os seres humanos perdem o controle sobre seus próprios esforços, falta de controle sobre o tempo de trabalho significa morte espiritual (SENNETT, 1999, p. 41).

A preocupação smithiana, assim como o fora a de Karl Marx, materializar-se-ia no século XX com os modos fordistas e tayloristas de organização da produção. A busca pela produção em massa, associada à intensa cronometragem dos tempos individuais, culminaram em novos arranjos de vida social – marcados pela hierarquia e pelo tempo estável – e engendraram a consolidação do modelo industrial do capitalismo. Daniel Bell (1977), ao analisar uma fábrica da General Motors na década de 1950, indicava que tal organização complexa, com tempos precisos, assemelhava-se a uma "engenharia racional". Na explicação sennettiana, "essa jaula imensa, bem engrenada, operava com base em três princípios: a lógica da dimensão, a lógica do tempo métrico e a lógica da hierarquia" (SENNETT, 1999, p. 46).

Vale destacar, nessa argumentação, que a lógica do tempo métrico permitiu que o tempo fosse minuciosamente calculado em qualquer espaço da fábrica, mas também ampliava-se na relação subjetiva que se estabelecia com a sociedade.

> Esse planejamento minucioso do tempo de trabalho estava ligado a medidas de tempo muito longas também na empresa. O pagamento por antiguidade era finamente sintonizado com o número total de horas que um homem ou mulher trabalhara para a General Motors; um trabalhador podia calcular minuciosamente os benefícios do tempo de férias e ausência por doença. A micrométrica de tempo governava tanto os escalões inferiores dos escritórios como os trabalhadores braçais na linha de montagem, em termos de promoção e benefícios (SENNETT, 1999, p. 47-48).

Ao longo do século XX, considerando a narrativa de Enrico[5] – um de seus entrevistados –, Sennett apontava que a métrica do tempo operou não apenas na dominação subjetiva e no crescimento industrial, mas conduzia para uma narrativa estável e planejada da existência dos trabalhadores. "O tempo rotinizado se tornara uma arena onde os trabalhadores podiam afirmar suas próprias exigências, uma arena que dava poder" (p. 48). Sob os delineamentos desse debate é que as discussões de Diderot e Smith permanecem atuais, sobretudo porque "Diderot não achava o trabalho de rotina degradante; ao

---

[5] Sobre sua opção metodológica em fazer uso de histórias de vida, pontua que "este método de estudo se baseia em uma teoria segundo a qual para compreender o significado dos fatos políticos ou econômicos é preciso situá-los em um contexto temporal" (SENNETT, 2009, p. 2).

contrário, julgava que as rotinas geravam narrativas, à medida que as regras e ritmos do trabalho evoluem aos poucos" (p. 49). Em outras palavras, tal como Sennett infere da narrativa de Enrico – "a rotina pode degradar, mas também proteger; pode decompor o trabalho, mas também compor uma vida" (p. 49).

Em nosso tempo, parece que encontramos os limites da rotina, na medida em que a nova linguagem capitalista indica que, com a flexibilidade, a rotina desaparece dos setores avançados da economia.[6] Segundo a abordagem teórica desenvolvida por Richard Sennett, na obra ora examinada, a palavra "flexibilidade" passou a ser usada em língua inglesa já no século XV, designando os movimentos das árvores em relação ao vento. Designava, então, "essa capacidade de ceder e recuperar-se da árvore, o teste e a restauração de sua forma" (p. 53). Essa capacidade logo começou a ser identificada nas pessoas, esboçando e caracterizando comportamentos maleáveis, aptidões para a mudança e fácil adaptação a novas circunstâncias.

Filósofos liberais, como John Locke e Stuart Mill, respectivamente, destacavam que "o comportamento flexível gera liberdade pessoal" (p. 54); ou, em outras palavras, os seres humanos tornam-se livres na medida em que dispõem de capacidades para produzir mudanças. Nas condições do capitalismo contemporâneo, "a repulsa à rotina burocrática e a busca da flexibilidade produziram novas estruturas de poder e controle, em vez de criarem as condições que nos libertam" (p. 54). Sennett destaca que tais formas de flexibilidade sustentam um sistema de poder baseado em três aspectos, a saber: reinvenção descontínua das instituições, especialização flexível de produção e concentração de poder sem centralização. Explorarei cada um desses aspectos separadamente.

A reinvenção descontínua de instituições, primeiro elemento destacado pelo sociólogo, refere-se ao entendimento de

---

[6] Essa questão pode ser constatada, dentre outros pensadores, nos escritos de Peter Drucker (1993), um dos arautos da nova economia. Defende que os recursos humanos precisam ser pensados em termos de mobilidade e produtividade, garantindo a eliminação de camadas gerenciais.

que as estruturas e hierarquias típicas do capitalismo industrial não servem mais para as atuais práticas administrativas. Os modelos atuais buscam "redes" – elásticas e flexíveis – uma vez que "a junção entre os nódulos na rede é mais frouxa; pode-se tirar uma parte, pelo menos em teoria, sem destruir outras" (p. 55). Uma das formas que mais popularizaram-se, desde a metade dos anos 1990, foi a "reengenharia" – isto é, a busca de novas formas organizativas que aumentem a eficiência e a produtividade (a conhecida e repetida formulação – "fazer mais com menos").

O segundo elemento destacado por Sennett trata-se da especialização flexível, isto é, a busca por inserir novos e variados produtos no mercado em uma dinâmica cada vez mais rápida. Trata-se da constituição de inovação permanente, através da qual as novas tecnologias, as estratégias de comunicação cada vez mais velozes e a competitividade dos mercados globais operam simultaneamente.

> Além disso, essa forma de produção exige rápidas tomadas de decisões, e assim serve ao grupo de trabalho pequeno; numa grande pirâmide burocrática, em contraste, a tomada de decisões perde rapidez à medida que os documentos sobem ao topo para obter aprovação na sede. O ingrediente de mais forte sabor neste novo processo produtivo é a disposição de deixar que as mutantes demandas do mundo externo determinem a estrutura interna das instituições. Todos esses elementos de responsividade contribuem para a aceitação da mudança decisiva, demolidora (SENNETT, 1999, p. 60).

Os regimes flexíveis, tal como descritos por Sennett, ainda apresentam um terceiro elemento, que é a concentração sem centralização. Sob essa forma organizativa emergem outras formas de controle – geralmente vinculadas a metas de produção que conduzem a uma desenfreada busca pela qualificação das performances.[7] Conforme o sociólogo, "é raro as organizações

---

[7] Um dos conceitos recorrentes para explicar essa questão no campo educacional é o de performatividade, geralmente atrelado aos escritos de Stephen Ball (2009;

flexíveis estabelecerem metas de fácil cumprimento; em geral as unidades são pressionadas a produzir muito mais do que está em suas capacidades imediatas" (p. 65). Infere-se desse cenário os modos pelos quais essas estratégias concentram poder, ao mesmo tempo em que descentram responsabilidades. Na acepção do pensador social, "a dominação do alto é ao mesmo tempo forte e informe" (p. 65).

A mobilização dos três elementos dos sistemas de poder flexíveis pode ser observada de diferentes formas, em múltiplos espaços. Uma dessas formas, apontadas por Sennett, é a organização do tempo nas organizações contemporâneas – o nomeado "flexitempo". Na organização do trabalho das empresas, "em vez de turnos fixos, que não mudam de mês para mês, o dia de trabalho é um mosaico de pessoas trabalhando em horários diferentes, mas individualizados" (p. 66). Outro campo de visibilidade para essa questão é representado pelo Fórum Mundial Econômico,[8] realizado em Davos, na Suíça, um fórum privilegiado para os arautos das novas economias, da globalização e das críticas às burocracias rígidas. O sociólogo sugere a figura de Bill Gates, o presidente da Microsoft, como o "homem de Davos" – o sujeito que corporifica os ideais da economia flexível.

O desprendimento do passado, a busca pelas inovações, as responsabilizações individualizadas, o privilégio da competitividade e a flexibilização dos tempos e rotinas de trabalho são alguns dos aspectos descritos e analisados por Richard Sennett na *Corrosão do caráter*. Entretanto, parece-me que dois aspectos merecem ser analisados detalhadamente em nossa abordagem analítica, devido a suas derivações para a Educação Contemporânea, a saber: *a disposição a arriscar-se* e *a nova ética do trabalho*. Avancemos nessa leitura crítica.

2010). Parece-me que a noção sennettiana de "concentração sem centralização" contribui para um alargamento dessa interpretação.

[8] Criada em 1971 e com sede em Genebra, trata-se de uma organização global destinada a produzir reflexões e direcionamentos para as questões sociais e econômicas de nosso tempo. Financiada por diferentes atores internacionais, realiza reuniões anuais em Davos.

Entre aptidões portáteis e vulnerabilidades permanentes

Ao observar a produção subjetiva que perfaz o mundo do trabalho no capitalismo flexível, considerando como ponto de partida a argumentação sennettiana, um dos pontos mais enfatizados trata-se da disposição ao risco. O sujeito fabricado nesse jogo de relações busca permanentemente as inovações, não se apega a estruturas burocráticas ou a experiências duráveis. Vive a imediaticidade, visando novas oportunidades e mudanças que podem ocorrer em qualquer tempo. Porém, como Sennett (1999) explicita através da narrativa de sua entrevistada Rose, as experiências profissionais nem sempre tornam-se positivas, visto que "as pessoas de meia idade como ela são tratadas como madeira morta, a experiência acumulada é tida como de pouco valor" (p. 93). Ou, a disposição à mudança parece mais fácil de ser encontrada nos jovens.

"Correr riscos" ou "viver no limite" passam a compor uma gramática muito comum; sobretudo na seleção de recursos humanos das empresas. Pois, como salienta o sociólogo, arriscar não é mais um atributo de empresários em competição, "o risco vai se tornar uma necessidade diária enfrentada pelas massas" (p. 94). Tal condição – do estar em risco –entretanto, não é tão promissora quanto sugere, uma vez que conduz a um "estado contínuo de vulnerabilidades". Sennett explica que uma subjetividade exposta permanentemente ao risco tem a sensação de estar sempre recomeçando, o que pode inviabilizar a produção de uma narrativa de vida, afinal, em sua leitura, "estar continuamente exposto ao risco pode assim corroer nosso senso de caráter" (p. 98).

O estado de risco produz uma permanência na ambiguidade e na incerteza, na medida em que, na ausência de uma estrutura burocrática, as redes flexíveis não oferecem campos de progressão profissional ou planejamentos a longo prazo. Antes disso, a flexibilidade acentua as desigualdades.

> Nessa paisagem competitiva, os bem-sucedidos levam a mesa toda, enquanto a massa dos perdedores fica com migalhas

para dividir entre si. A flexibilidade é um elemento chave para permitir a formação desse mercado. Sem um sistema burocrático que canalize os ganhos de riqueza através de uma hierarquia, as recompensas gravitam para os mais poderosos; numa instituição sem peias, os que estão em posição de açambarcar tudo o fazem. A flexibilidade, assim, acentua a desigualdade, pelo mercado em que o vencedor leva tudo (SENNETT, 1999, p. 105).

Há, então, na análise sociológica produzida por Richard Sennett uma correlação entre risco e caráter.[9] Por um lado, a maioria das pessoas deseja aumentar seu potencial de competitividade para ingressar no mercado de trabalho, esquecendo-se de que, muitas vezes, trata-se de um jogo. Por outro lado, ingressa em uma dinâmica de permanentes capacitações para um mercado instável e imprevisível, aumentando os níveis de ansiedade e de apreensão sobre seus percursos pessoais e profissionais. A questão dos riscos impõe aos indivíduos um estado permanente de vulnerabilidade, pois "a ansiedade pessoal com o tempo está profundamente entrelaçada com o novo capitalismo" (p. 114). Esse aspecto nos leva ao segundo tópico que interessa abordar nesse momento – a nova ética do trabalho.

Na medida em que os indivíduos trabalham em um tempo organizado por outras lógicas, sobretudo através da substituição das rotinas pela flexibilidade e pelo curto prazo, ocorre uma significativa mudança na ética do trabalho. Conforme a argumentação do sociólogo, "as pessoas sentem falta de relações humanas constantes e objetivos duráveis" (p. 117). Muitas vezes, seus próprios sentidos sobre a vida, o mundo e o trabalho são ressignificados em uma atmosfera de vulnerabilidades. A ética do trabalho, produzida sob essas condições, revela-se superficial em comparação ao modelo produzido anteriormente no capitalismo industrial.

---

[9] Essa hipótese é reafirmada na abordagem proposta por Bauman (2009). Segundo o sociólogo, "a dissolução da solidariedade representa o fim do universo no qual a modernidade sólida administrava o medo" (p. 20).

A "velha" ética do trabalho ancorava-se na autodisciplina, na busca de sentidos a longo prazo para o trabalho e na necessidade de trabalhar para ser valorizado socialmente. A ética protestante, descrita por Max Weber, apresentou-nos essa conjuntura na qual o sujeito provava seu valor através do trabalho que desenvolvia. A moderna ética do trabalho, como a descreve Sennett (1999), desencadeia-se sob outras configurações.

> A moderna ética do trabalho concentra-se no trabalho em equipe. Celebra a sensibilidade aos outros; exige "aptidões delicadas", como ser bom ouvinte e cooperativo; acima de tudo, o trabalho em equipe enfatiza a adaptabilidade às circunstâncias. O trabalho em equipe é a ética de trabalho que serve a uma economia política flexível. Apesar de todo o arquejar psicológico da administração moderna sobre o trabalho de equipe no escritório e na fábrica, é o etos de trabalho que permanece na superfície da experiência. O trabalho de equipe é a prática de grupo da superficialidade degradante" (SENNETT, 1999, p. 118).

A referida configuração ética é direcionada para o presente, em suas superfícies e contingências. A emergência do trabalho em equipe assinala, porém, uma intensificação do controle subjetivo, visto que mobiliza um poder sem autoridade.[10] Para desenvolver uma atividade laboral, "o trabalhador tem de trazer a tarefas de curto prazo a capacidade instantânea de trabalhar bem com um cambiante elenco de caracteres" (p. 131). Segundo essa abordagem, as aptidões que são colocadas em ação são "portáteis", variáveis de acordo com as condições de cada uma das redes flexíveis em que forem inseridas. São valorizados aspectos atitudinais como saber ouvir, bom relacionamento e disposição a colaborar, colocados em ação nos diferentes grupos de trabalho.

---

[10] Acerca do trabalho em equipe, Sennett (2007) retoma que sua organização não estimula a cooperação. "No marco da nova estratégia de negócios, as equipes competem umas com as outras, intencionando responder de maneira mais efetiva e rápida às metas impostas de cima" (p. 20).

Concomitantemente, o trabalho em equipe exige também capacidade de distanciamento, resolução de problemas e pró-atividade. Cabe reiterar, todavia, que a própria ideia de "equipe" trata-se de uma metáfora, uma analogia esportiva aos times de basquete norte-americanos. Assim sendo, os líderes de equipe são como os capitães de uma equipe esportiva – ou ainda, as responsabilidades serão sempre dos jogadores! Sennett (1999) sugere que, na nova ética do trabalho, "o poder está presente nas cenas superficiais de trabalho em equipe, mas a autoridade está ausente" (p. 136).

Conforme desenvolvi nessa seção, sob as condições do capitalismo flexível a disposição a arriscar-se emerge como uma virtude fundamental. Entretanto, expõe os indivíduos a vulnerabilidades permanentes através das quais lançam-se a processos continuados de capacitação. A mudança na subjetividade dos trabalhadores evidencia também uma reorganização da ética do trabalho, não mais ancorada na autodisciplina como no capitalismo industrial, mas em aptidões portáteis, maleáveis às contingências das diferentes equipes de trabalho. Que desdobramentos das vulnerabilidades permanentes e das aptidões portáteis, características do capitalismo contemporâneo, podem ser visibilizadas nas atuais políticas de escolarização? Abordarei tal campo de problematização a seguir.

Sujeito, trabalho e cultura: outros olhares sobre a escolarização

Ao observarmos atentamente as movimentações conceituais produzidas no campo educacional, notamos que, pelo menos, duas caracterizações são mais recorrentes, a saber: a busca pela formação de sujeitos empreendedores e a intensificação das pautas ligadas à inovação educacional. Tais questões vinculam-se fortemente ao diagnóstico do capitalismo flexível desenvolvido por Richard Sennett.

Explorando alguns sentidos sobre a "inovação pedagógica", na atualidade, a leitura social de Paula Sibilia (2012) apresenta-se de modo oportuno. Ao estudar as mudanças culturais que interpelam a escola contemporânea, Sibilia pontua a aproximação das questões da educação e da cultura com a lógica do capital, delineada pelo consumo em suas diferentes nuances. Na medida em que a educação não mais é apresentada nas condições modernas (de escolarização obrigatória), passa a ser "oferecida como um *fast food* ou em sua versão *gourmet*" (p. 132). As práticas escolares precisam tornar-se úteis, divertidas e estimulantes, fazendo com que o aluno aproxime-se da figura de um cliente – "aquele que sempre tem razão e que deseja se divertir, ou, de algum modo, lucrar com seus investimentos" (p. 132). As pautas da escolarização moderna, então, são deslocadas.

A dispersão da escola contemporânea, descrita na obra de Sibilia, assinala um afastamento dos pressupostos civilizatórios e disciplinares que demarcavam as formas pedagógicas desde o final do século XVI.

> Na oferta educacional contemporânea busca-se oferecer um serviço adequado a cada perfil de público, proporcionando-lhe recursos para que cada um possa triunfar nas árduas disputas de mercado. Isso não é para todos, como a lei, mas tem uma distribuição desigual como o dinheiro: todos os consumidores querem ser distintos e únicos, singulares, capazes de competir com os demais para se destacar com suas vantagens diferenciadas, num mundo globalizado no qual impera um capitalismo cada vez mais jovial, embora também feroz (SIBILIA, 2012, p. 132).

O sujeito fabricado nessas condições é proativo e empreendedor, visto que necessita dos serviços educacionais para potencializar suas formas de intervenção no competitivo mundo da economia, tal como sinalizava o diagnóstico de Sennett (1999). A pedagogia requisitada para tais tarefas associa-se a um treinamento de habilidades, com foco na capacitação técnica, desencadeando "um tipo de ensino que agora costuma ser nomeado recorrendo a vocábulos esportivos como *training* ou *coaching*, que significam treinamento ou adestramento" (p. 134). O professor demandado para intervir nesse processo precisa assumir os direcionamentos da aprendizagem vitalícia, bem como aceitar o primado pedagógico da inovação (SILVA, 2011).

Sibilia explora ainda as articulações dessas condições formativas com ressonâncias provindas do discurso neoliberal. Sob uma "ética empreendedora", expressão utilizada pela pesquisadora, novas racionalidades e estratégias políticas são colocadas em ação na composição da agenda da escolarização do século XXI, a saber: "a autonomia, a flexibilização, a iniciativa e a motivação, a superação e a responsabilidade individuais" (SIBILIA, 2012, p. 126).

Acerca desse tópico, a questão da inovação educacional, também encontramos uma importante problematização desenvolvida pelo sociólogo francês Christian Laval (2004). Na medida em que ocorrem mudanças no campo produtivo – com a emergência de novos paradigmas e a imaterialização do trabalho –, o próprio conhecimento passa a ser situado como um fator de produção. Com a consolidação das políticas de inspiração neoliberal, os saberes e os valores formativos são deslocados do âmbito de uma "cultura universal" e tornam-se regidos por novos critérios operacionais, dentre os quais destacam-se "a eficácia, a mobilidade e o interesse" (p. 57). Essa mudança, para além de atribuir destaque para um padrão de entendimento que foi redimensionado, assinala uma mudança de sentido na escolarização, em suas diferentes configurações. Emerge, nessas condições, uma escola preocupada em potencializar o capital humano.

De acordo com Laval (2004), prioriza-se a busca por conhecimentos técnicos e saberes úteis. Tal opção justifica-se pelo fato de tais noções serem consideradas "mais adequadas para os jovens procedentes das classes populares e adaptadas às necessidades das empresas" (p. 59). As políticas educacionais, atendendo a critérios econômicos, apresentam uma dupla reivindicação. "Por um lado, a favor de uma importante inversão educativa e, por outro, a favor de uma redução dos conhecimentos considerados úteis e cansativos quando não tem uma relação evidente com uma prática ou um interesse" (p. 59). A justificativa para essa mudança de cenário expressa-se na possibilidade de a escolarização criar bem-estar pessoal, social e econômico.

A criação de novos perfis formativos, adensados por capacitações e competências genéricas, é potencializada pela importância da inovação, interpretada segundo os entendimentos de Schumpeter. As universidades e as demais instituições educacionais são interpeladas a uma aproximação com as empresas, estabelecendo modos de parcerias e colaborações diversas. Segundo Laval, a condição acima apresentada evidencia o próprio sentido da educação que é reforçado a partir do neoliberalismo – a formação de "ativos". Tais indivíduos, potencializados economicamente para competir, são conduzidos a buscar "a aplicação de conhecimentos estratégicos no exercício de uma profissão especializada ou de uma atividade considerada socialmente útil" (p. 78-79).

Iniciamos esta seção evidenciando uma reportagem de capa, de uma importante revista informativa brasileira, que atribuía visibilidade aos novos processos avaliativos experimentados por uma organização multilateral. Examinar as questões do caráter, da curiosidade e do espírito inventivo, mais que simplesmente expressar uma nova prova de larga escala, materializa na agenda das políticas de escolarização o compromisso com a formação de um novo sujeito: proativo, inovador e com espírito de equipe. A análise sociológica de Richard Sennett, revisada neste capítulo através da obra *A corrosão do caráter*, traz importantes elementos para a compreensão desse cenário, caracterizado pela busca de "aptidões portáteis" em contextos de "vulnerabilidades permanentes". A seguir, no próximo capítulo, focalizarei aos conceitos ligados à emergência de uma "cultura do novo capitalismo".

Capítulo II

Educação, flexibilidade e capacitações: um exame da cultura do novo capitalismo

É claro que, para que os indivíduos logrem ajustar-se e competir no ambiente em rápida evolução que caracteriza o mundo contemporâneo, necessitam de um repertório de habilidades para a vida que inclui, entre outras, habilidades analíticas e de resolução de problemas, criatividade, flexibilidade, mobilidade e empreendedorismo (UNESCO, 2008, p. 10).

O século XXI tem nos apresentado um conjunto significativo de transformações sociais, mudanças essas que produziram fortes ressonâncias nos modos pelos quais nos constituímos como sujeitos. Diferentes pensadores sociais têm procurado destacar alguns aspectos dessa questão. Bauman (2001), por exemplo, assinala que a Modernidade a qual experienciamos é cada vez mais líquida, marcada por valores instáveis e transitórios. Sloterdjik (2005) sugere que estamos vivenciando modos diferenciados de nos constituirmos como indivíduos. Estaríamos ingressando, em sua acepção, em um cenário de "individualismo do autodesenho", no qual o objetivo é converter-se, esteticamente, em um objeto original e criativo, promovendo ações permanentes para o desenvolvimento de suas próprias capacidades. O sociólogo Richard Sennett (2006), nosso principal interlocutor na presente obra, assinala que estamos ingressando em uma "cultura do novo capitalismo", marcada por processos de subjetivação ligados à flexibilidade, ao curto prazo e à multirreferencialidade. Destaca ainda que tais cenários são caracterizados pela meritocracia, secundarizando os processos de trabalho e de educação caracterizados pela perícia. Em um rápido exercício de diagnóstico do nosso tempo, podemos inferir que estamos nos movimentando em um tempo transitório, inseridos em relações de trabalho e estudo meritocráticas, no qual os sujeitos investem permanentemente em seu "autodesenho".

Tal como destaquei anteriormente, diferentemente do período caracterizado como capitalismo industrial, sustentado pela consolidação do modelo de Estado de bem-estar social, as condições econômicas do capitalismo contemporâneo têm produzido novos delineamentos para a vida social. No que se refere à subjetividade e às condições de trabalho dos sujeitos, o sociólogo Richard Sennett (2006) argumenta que uma das principais ameaças à constituição desses sujeitos trata-se do "fantasma da inutilidade". Ao contrário do capitalismo industrial em que os trabalhadores organizavam suas carreiras em planejamentos a longo prazo, conforme sinalizei no capítulo anterior, a volatilidade e a flexibilidade marcam as novas condições produtivas. Processos como a oferta global de mão-de-obra, a automação e a gestão do envelhecimento são algumas das características descritas pelo autor para descrever esse período.

Sob a égide do fantasma da inutilidade, que melhor delinearei ao longo deste capítulo, uma nova gramática formativa passou a conduzir os debates acerca das relações entre educação e trabalho, da mesma forma que se proliferaram novas estratégias para a gestão dos recursos humanos.[11] De acordo com o autor, "nessa investida, passou-se a definir 'capacitação' como a capacidade de fazer algo novo, em vez de depender do que já se havia aprendido" (p. 93-94). Sob as condições de uma sociedade das capacitações, os sujeitos passam a investir permanentemente em sua formação, as empresas modificam-se na busca de novas condições e emerge a gramática pedagógica da aprendizagem ao longo da vida, fazendo com que as instituições educativas apreguem modelos de formação continuada.

---

[11] Estabelecendo uma crítica sobre a fragilização das relações sociais, Sennett (2009) explica que "o novo capitalismo atribui ênfase na responsabilidade de cada pessoa frente a seu próprio destino" (p. 4).

Capacitar-se a todo momento para um mundo produtivo, em permanente mudança, apresenta-se como um novo imperativo pedagógico. Para a análise da constituição desse novo imperativo, alguns deslocamentos podem ser visibilizados.

Os processos formativos do capitalismo industrial alicerçavam-se na concepção de perícia. Adquirir perícia representava compreender todas as etapas de um determinado trabalho, fosse ele a escrita de um texto, a realização de um cálculo ou a fabricação de um relógio. Sennett (2006) argumenta que "uma definição abrangente de perícia seria: fazer algo bem-feito simplesmente por fazer" (p. 98). Os processos de formação humana eram constituídos pelas ideias de autodisciplina e autocrítica, visto que fazer algo bem feito tinha sua própria importância. "A mestria tem o seu valor, numa medida que é ao mesmo tempo concreta e impessoal: o que é bem-feito é bem-feito" (p. 99). Conforme a descrição do sociólogo, a perícia demarcou os processos de trabalho e de formação humana ao longo de toda a consolidação do capitalismo industrial; porém, com a emergência do capitalismo contemporâneo um novo conceito passa a reger esses processos: a meritocracia.

> Vista desta maneira, a perícia não parece ter muito a ver com as instituições do capitalismo flexível. O problema está na última parte de nossa definição – fazer alguma coisa simplesmente por fazer. Quanto mais sabemos como fazer alguma coisa bem-feita, mais nos preocupamos com ela. Todavia, as instituições baseadas em transações de curto prazo e tarefas que estão constantemente sendo alteradas não propiciam esse aprofundamento (SENNETT, 2006, p. 99-100).

Em uma sociedade marcada pelas capacitações permanentes, a perícia apresenta-se como um problema na medida em que o importante é não "ficar travado". Ficar travado, nesse cenário, implica em ficar demasiadamente arraigado ao domínio de uma técnica ou de uma área de trabalho. O capitalismo contemporâneo expõe uma nova condição para a vida produtiva (com fortes ressonâncias para a formação humana), a saber: "a equiparação do talento com o mérito"

(p. 102). A perícia privilegiava as relações de domínio da técnica, nas quais o talento representava um tipo de prestígio moral. "Mas agora o talento servia para medir um novo tipo de desigualdade social: algo que fosse *criativo* ou *inteligente* significava para os outros *superior*, referindo-se a uma pessoa de maior valor" (p. 102).

O deslocamento acima descrito, da perícia para a meritocracia, produz significativas implicações para o campo educacional, em geral, e para a compreensão da constituição dos sujeitos escolares, em particular. Não são recentes os estudos que apontam mudanças dos conhecimentos ensinados nos processos de escolarização.[12] Sob inspiração sennettiana, o deslocamento da perícia para a meritocracia é o modo pelo qual tenho optado realizar a descrição do contexto de produção das atuais políticas educacionais, tanto no Brasil quanto internacionalmente. Criatividade, produtividade, oportunidade, eficiência, protagonismo, livre escolha são algumas das expressões que se proliferam na gramática pedagógica mobilizada no início do século XXI.[13] Não se constitui em novidade retomar os modos pelos quais a referida gramática é gestada em determinadas organizações internacionais, como a UNESCO, o Banco Mundial, a OCDE, dentre outros.[14] Um exemplo disso podemos encontrar em um documento publicado pela UNESCO em 2005 (traduzido no Brasil em 2008), nomeado como "Reforma da educação secundária: rumo à convergência entre a aquisição de conhecimento e o desenvolvimento de habilidade". Ao definir quais seriam os novos conceitos delineadores na formação a nível secundário, o documento é bastante enfático, conforme o excerto a seguir:

---

[12] Encontramos indícios dessa questão em estudos provenientes de diferentes perspectivas teóricas, tais como Lima (2012), Veiga-Neto (2013), Pacheco e Pestana (2014) e Libâneo (2012).

[13] Sob outras condições investigativas, examinamos essa gramática pedagógica na constituição dos sujeitos universitários (SILVA; FABRIS, 2012; SILVA, 2011; SILVA, 2010).

[14] São exemplares desse tipo de abordagem estudos como os de Ball (2009) e de Popkewitz (2004).

A fim de ajudar os jovens a enfrentar eficazmente esses desafios, sejam eles positivos ou negativos, os sistemas de educação secundária precisam concentrar-se em conferir aos jovens a capacidade de desenvolver personalidades produtivas, responsáveis, bem equipadas para a vida e para o trabalho na atual sociedade do conhecimento baseada em tecnologia. (UNESCO, 2008, p. 10).

Para a composição das análises propostas para este capítulo, tomarei como aporte principal o livro *A cultura do novo capitalismo*, cuja tradução foi publicada no Brasil em 2006, no qual Richard Sennett dá continuidade aos seus estudos sobre temáticas como o trabalho e as organizações sociais contemporâneas. O livro é o resultado das Conferências Castle, um ciclo de palestras realizadas pelo sociólogo na Universidade Yale. As referidas palestras tomaram como temas privilegiados as questões da ética, da política e da economia na emergente cultura fabricada nas condições do capitalismo contemporâneo. A seguir apresentarei algumas concepções exploradas por Sennett no referido livro, enfatizando o conceito de "capacitação".

Da jaula ao MP3:
deslocamentos e mudanças institucionais

A cultura do novo capitalismo parte da perspectiva de que a Contemporaneidade tem sido intensa em suas mudanças nas formas de conceber a cultura. Tais mudanças seriam marcadas pela crise das instituições e pelo crescimento das desigualdades econômicas. Sob esse cenário, em que as instituições se fragmentam e as condições sociais se tornam instáveis, emerge um conjunto de desafios às subjetividades humanas. O primeiro desses desafios remete-se à ideia de tempo, ou a uma primazia do curto prazo, conforme explorei no capítulo anterior. Quando as mudanças permanentes inviabilizam planejamentos de longo prazo, "o indivíduo pode ser obrigado a improvisar a narrativa de sua própria vida, e mesmo a se virar sem um sentimento constante de si mesmo" (SENNETT, 2006, p. 13). O segundo desafio está ligado ao talento, ou a como descobrir suas capacidades potenciais em uma cultura onde novas capacitações são exigidas a cada momento. O terceiro desafio refere-se a um processo de presentificação, isto é, de ter a capacidade de deixar o passado para trás. As modificações culturais desencadeadas no capitalismo contemporâneo implicam na busca de homens e mulheres ideais, com "uma individualidade voltada para o curto prazo, preocupada com as habilidades potenciais e disposta a abrir mão das experiências passadas" (p. 14).

Sennett (2006), na obra examinada, descreve as modificações ocorridas nas instituições contemporâneas que produziram ressonâncias no mundo do trabalho. Tais ressonâncias emergiram em um tempo no qual as desigualdades se multiplicaram, seja pela desestabilização dos modelos clássicos de emprego, seja pelos processos de globalização. Para estabelecer essa análise, o sociólogo parte dos estudos de alguns pensadores clássicos, como Marx e Schumpeter, mas atribui centralidade às preocupações de Max Weber, em especial ao modo militarizado de compreender a organização capitalista desde o século XIX. Weber é apresentado como um autor que permite analisar a política do capitalismo social, visto que, tal como observa o sociólogo, a burocracia se torna melhor modelo explicativo para esse capitalismo do que o mercado. "O tempo está no cerne deste capitalismo social militarizado: um tempo de longo prazo, cumulativo e, sobretudo, previsível. Esta imposição burocrática afetava tanto as regulações institucionais quanto os indivíduos" (p. 29).

A organização desse capitalismo social descrito por Weber tornava possível uma previsibilidade em relação ao tempo: as pessoas podiam fazer de suas vidas narrativas estáveis e planejar em longo prazo suas carreiras profissionais. Sob o regime da estabilidade, essa organização capitalista estruturava-se tal como uma pirâmide racionalizada. "A pirâmide é 'racionalizada', ou seja, cada posto, cada parte tem uma função definida" (p. 34). Seguindo a análise de Sennett, nota-se que esse modelo da pirâmide dominou as organizações, dentre elas, o Estado, ao longo do século XX. Paralelamente, podemos apontar que a pirâmide weberiana tornava-se um "lar psicológico".

> A pirâmide weberiana tornou-se uma realidade estrutural, dominando grandes organizações no século XX, mas não exatamente nos termos psicológicos delineados por Weber. Fábricas gigantescas como a unidade de produção de automóveis da Willow Run, da General Motors, transformaram-se em pirâmides, concentrando todo o processo de manufatura num único prédio do tamanho de uma cidade pequena: as matérias-primas entravam por uma porta, por assim dizer, e os automóveis saíam prontos do outro lado. A pirâmide unificava, centralizava, concentrava (SENNETT, 2006, p. 36-37).

Outra metáfora weberiana posta em articulação a esta é a "jaula de ferro", uma vez que a burocracia, com sua estabilidade e solidez, foi planejada para sobreviver a quaisquer sublevações. Nessa direção, outro aspecto que pode ser aproximada à metáfora weberiana é a própria estrutura do Estado previdenciário.[15] De acordo com o sociólogo, sob tais condições, "o sistema focalizava cada vez mais a estabilidade e a autopreservação institucionais, e não a efetiva provisão de cuidados" (p. 37). As regras burocráticas, em uma perspectiva weberiana, estariam posicionadas em um processo de "militarização da sociedade".

O capitalismo social militarizado, ainda nessa descrição sociológica, atravessa a composição dos modelos de produção de Taylor. O paradigma da administração científica da produção de Taylor, assim como a própria estrutura burocrática do Estado previdenciário, alicerçava-se nos moldes da organização militar.

> Considerando-se suas origens militares, a imagem da jaula de ferro dá ideia de uma burocracia montada para sobreviver a

---

[15] Acerca das modificações no Estado de bem-estar social, Bauman (2010) explica que, atualmente, "os pobres já não mais vistos como os 'reservistas' da indústria e do Exército, que devem ser mantidos em boa forma, pois devem estar prontos para serem chamados à ativa a qualquer momento. Hoje, o gasto com os pobres não é um 'investimento racional'" (p. 51).

sublevações. Costumamos associar burocracia a estabilidade e solidez. Mas se trata na realidade de uma ilusão. O capitalismo social revelou-se frágil. Em nossa geração, sua estrutura burocrática tem sido desafiada de maneiras que nem Bismarck nem Weber poderiam ter previsto (SENNETT, 2006, p. 40).

Com o final do século XX, três mudanças importantes nas organizações tenderam a deslocar os sólidos pilares do capitalismo social militarizado. A primeira mudança remete do poder gerencial ao acionário, ou seja, uma transferência de poder dos grandes burocratas institucionais para os investidores. A segunda mudança, em conexão com a anterior, é a preferência pelos resultados de curto prazo. Emerge a necessidade de mudanças permanentes, atualizações constantes e reengenharias – "reinventar-se continuamente ou perecer nos mercados" (p. 44). A terceira mudança está no desenvolvimento das novas tecnologias, fazendo instantâneas as comunicações em escala planetária. Essas três modificações serviram de condição para uma nova arquitetura institucional, diferente da sólida pirâmide do capitalismo social do século XX – emerge uma nova imagem: um tocador de MP3.[16] O MP3 é caracterizado pela flexibilidade (seleciona músicas aleatoriamente), pela alta capacidade (armazena, em média, dez mil músicas) e pelas estratégias de controle (o planejamento das ações parte de uma unidade central de processamento). Essa nova geografia do poder, produzida a partir da arquitetura MP3, "evita a autoridade institucional e tem um baixo nível de capital social" (p. 77).

A seu modo, cada uma das três mudanças institucionais descritas pelo sociólogo conduzem à fabricação de um novo tipo de subjetividade, um tipo idealizado de individualidade. Em suas palavras, trata-se de "um indivíduo constantemente adquirindo novas capacitações, alterando sua 'base de

---

[16] O deslocamento cultural evidenciado no novo capitalismo também se materializa nas cidades. De acordo com o sociólogo, tais espaços não mais representam a luta coletiva e a sociedade. Na medida em que o trabalho se torna flexível, "as cidades também arriscam a perda de seu encanto, assim como as empresas e a arquitetura se tornam cada vez mais estandardizadas e impessoais" (SENNETT, 2007, p. 19).

conhecimento'" (p. 47). Sob as condições culturais do novo capitalismo, os indivíduos buscam capacitar-se incessantemente, procurando sempre estar à frente das mudanças tecnológicas. Ao deslocar-se do modelo weberiano, a arquitetura institucional descrita por Sennett, tal como assinalei acima, aproxima-se das características de um MP3. Explorarei, de agora em diante, um pouco mais essa metáfora, assinalando sua potencialidade para pensar os modos de vida contemporâneos.

Dada a sua flexibilidade e ampla capacidade de programação, os tocadores exemplificariam as condições organizativas desse novo tempo. A própria estrutura da organização gerencial apropria-se desse modelo ao abandonar tarefas pré-estruturadas e assumir a mobilidade das tarefas específicas e por demanda.

> Essa nova forma de trabalhar permite aquilo que no jargão gerencial é conhecido como dessedimentação institucional. Confiando certas funções a terceiros, em outras firmas ou outros lugares, o gerente pode livrar-se de certas camadas na organização. A organização incha e se contrai, empregados são atraídos ou descartados à medida que a tarefa transita de uma tarefa a outra (SENNETT, 2006, p. 50).

Nesse cenário de "dessedimentação institucional", a possibilidade de encurtar os tempos das organizações, assim como a lógica da inovação, adquire relevância.[17] Mover-se, inovar e transformar tornam-se imperativos nas condições produtivas desse capitalismo, fazendo com que as oscilações do mundo do trabalho dirijam os indivíduos ao competitivo universo das capacitações. Tais condições alteram as relações humanas estabelecidas nesses espaços, ao mesmo tempo em que estimulam a busca de novos resultados através de prêmios e estímulos à competição interna nas organizações.

---

[17] No que tange ao curto prazo, característico das atuais relações de trabalho, o sociólogo explica que "as trajetórias profissionais têm sido reposicionadas por empregos que consistem em tarefas específicas e limitadas, e quando a tarefa termina, também termina o emprego" (SENNETT, 2007, p. 20).

Acompanhando a descrição sociológica proposta por Sennett, o reverso dessa ênfase nas capacitações é a ampliação dos níveis de estresse e de ansiedade nas pessoas. Isso se evidencia na perspectiva de que "toda competição gera estresse; num mercado em que a recompensa é tudo ou nada, as apostas são sempre altas" (p. 53). A ansiedade é intensificada nas subjetividades dos trabalhadores, especialmente através dos convencionados processos de reengenharia.

> Quando as empresas são submetidas a reengenharia, muitas vezes os empregados não têm ideia do que lhes acontecerá, pois as modernas formas de reestruturação corporativa são impulsionadas pelo passivo e o valor das ações estabelecido nos mercados financeiros, e não pelo funcionamento da empresa. Com demasiada frequência, os engenheiros da mudança muito pouca ideia têm do que fazer uma vez concluída a venda ou fusão. Essa indeterminação espalha ansiedade nas fileiras, e os investidores ou banqueiros não estão em condições de minorá-la (SENNETT, 2006, p. 54).

Analisando os apontamentos do departamento de pessoal de uma empresa, o sociólogo percebeu que, sob os auspícios de constantes reengenharias e de mudanças nas relações de autoridade delas decorrentes, os gerentes impressionavam-se negativamente com pessoas "carentes" e "dependentes". As empresas não estavam mais interessadas no seu impacto na vida dos indivíduos; mas, antes disso, "as organizações de ponta querem atrair jovens de espírito empreendedor" (p. 60). Os "jovens empreendedores" apresentavam capacidade de reação, inventividade e autodisciplina. Na abordagem sennettiana, no limite, "os indivíduos efetivamente ficam entregues a si mesmos, podendo recorrer apenas a sua própria capacidade para melhor reagir às ordens, objetivos e avaliações de desempenho que partem do centro" (p. 60).

Com as mudanças culturais do novo capitalismo, bem como com o advento da arquitetura institucional de "tipo MP3", novos arranjos de poder atravessam as organizações. O deslocamento da pirâmide institucional do capitalismo social conduziu os indivíduos a modos diferenciados para relacionarem-se consigo mesmos, com o trabalho e com as instituições. A ênfase excessiva na competitividade lhes impulsionou a buscarem capacitações permanentes e, paradoxalmente, reduziram o prestígio moral do trabalho, aumentando os níveis de estresse e de ansiedade. Com as organizações sob constantes processos de reengenharia, emerge a figura do indivíduo empreendedor, capaz de investir em seus talentos para manter-se ativo no mercado profissional. A questão dos talentos será abordada na próxima seção.

Sobre o gerenciamento dos talentos

Além da emergência de um novo arranjo institucional, a cultura do novo capitalismo favoreceu o desenvolvimento de outras formas de gerenciamento dos talentos. Na medida em que, nessas condições, privilegiam-se as estratégias de curto prazo e as ações empreendedoras, tal como foi descrito anteriormente, Sennett (2006) opta por tratar essa questão associando-a ao "fantasma da inutilidade", ou aos modos pelos quais os indivíduos temem o descarte de sua mão-de-obra por falta de capacitação adequada. Acerca disso, o pensador social procura explorar a maneira como o referido "fantasma" articula-se com a questão da educação e da formação, partindo de algumas questões centrais: "que significa capacitação, ou, de maneira mais abrangente, talento? Como pode o fato de uma pessoa ser talentosa traduzir-se em valor econômico?" (p. 82).

O fantasma da inutilidade adquiriu sua primeira formulação com o desenvolvimento das cidades, tendo sido explorado inicialmente por autores como David Ricardo e Thomas Malthus. Na cultura do novo capitalismo essa ameaça é mobilizada por três forças: "a oferta global de mão-de-obra, a automação e a gestão do envelhecimento" (p. 86). A oferta global de trabalhadores remete às possibilidades do mercado de buscar talentos baratos, em diferentes regiões do planeta. A automação aproxima-se da invenção contínua de novas tecnologias. A gestão do envelhecimento posiciona-se na necessidade de formação/capacitação nas empresas. Apresentarei, separadamente, cada um destes tópicos.

A oferta global de mão-de-obra diz respeito à busca por talentos mais baratos para os setores produtivos.[18] A busca por estrangeiros, a mobilidade entre os países, a mão-de-obra infantil, dentre outras formas de exploração, aparecem como alternativas engendradas nesse cenário global. A lógica orientadora desse processo, tal como explica o sociólogo, é "uma espécie de seleção cultural, de tal maneira que os empregos abandonam países de salários altos como os Estados Unidos e a Alemanha, mas migram para economias de salários baixos dotados de trabalhadores capacitados e às vezes mesmo super-preparados" (p. 84). São exemplos trazidos por Sennett os centros de telemarketing da Índia e as montadoras de automóveis no México.

O segundo fantasma apresentado refere-se à automação, materializada no antigo medo de que as máquinas substituam os seres humanos em determinadas ocupações. O surgimento dos primeiros teares movidos a vapor, durante o século XIX, tornou evidente essa preocupação em todo o continente europeu. O advento da informática e da microeletrônica, na segunda metade do século XX, permitiu com que a automação, através de máquinas reprogramáveis, ampliasse a produtividade e a economia em determinados setores.

> Os fabricantes empregam essas tecnologias de uma forma especial. A automação permite que os fabricantes não só reajam com rapidez às mudanças na demanda, pois as máquinas podem ser rapidamente reconfiguradas, como executem rápidas mudanças de orientação quando a demanda se modifica, com isso mantendo baixos os estoques (SENNETT, 2006, p. 88).

---

[18] Bauman (1999), em seus estudos sobre a globalização, argumenta que, em tais condições, "os empregos surgem e somem assim que aparecem, são fragmentados e eliminados sem aviso prévio, como as mudanças nas regras de jogo de contratação e demissão – e pouco podem fazer os empregados ou os que buscam empregos para parar essa gangorra" (p. 113).

A gestão do envelhecimento, em suas diferentes versões, é descrita pelo autor como mais uma das áreas abrangentes do fantasma da inutilidade. Nas condições do novo capitalismo, o envelhecimento é caracterizado como improdutividade ou incapacidade para mudar. Em suas palavras, "todo mundo envelhece, e, debilitados, todos nos tornamos em algum momento inúteis, no sentido de improdutivos" (p. 90). A idade como "critério de medida da inutilidade", conforme define Sennett, pode ser expressada tanto pelo preconceito com relação à idade quanto pela dificuldade dos indivíduos em manterem-se atualizados em suas profissões. O conhecimento profissional adquirido pelos estudantes universitários, por exemplo, torna-se rapidamente obsoleto no intenso desenvolvimento de algumas áreas. Explicando melhor, "quando adquirimos uma capacitação, não significa que dispomos de um bem durável" (p. 91).

A oferta global de mão-de-obra, a automação e o envelhecimento constituem um cenário no qual os indivíduos temem ser substituídos. Este risco acentua-se nas economias contemporâneas em sua intensa busca pela inovação. Ao longo das últimas décadas, Sennett sugere que ingressamos em um novo tipo de dilema existencial: "Como tornar-se importante e útil aos olhos dos outros?" (p. 119).

> Com o passar do tempo, a sociedade depurou a tecnologia de busca do talento original. Ao prospectar mais o crescimento potencial que as realizações passadas, a busca do talento adapta-se perfeitamente às condições peculiares das organizações flexíveis. Tais organizações usam os mesmos instrumentos para uma finalidade mais ampla: não só promover mas também eliminar os indivíduos. As comparações odiosas entre as pessoas tornam-se profundamente pessoais. Nessa seleção de talentos, são deixados no limbo os considerados carentes de recursos internos. Já não podem ser considerados úteis ou valiosos, não obstante o que realizaram (SENNETT, 2006, p. 119-120).

Isso produz uma ambivalência entre capacitação e inutilidade, o que encaminha Sennett a pensar os talentos individuais sob as formas da perícia e da meritocracia. Nos tempos do capitalismo social, a perícia marcava os processos de produção, isto é, através da autocrítica e da autodisciplina, o trabalhador produzia artefatos qualificados como um fim em si mesmo, pelo prazer de fazer bem feito. Nas instituições do capitalismo flexível, a perícia não é apenas deslocada, como também ocupa um lugar problemático. Em instituições voltadas para o curto prazo, não há espaço para a perícia, emergindo a noção de meritocracia. Sob o modelo da meritocracia, ocorre uma equiparação entre talento e mérito; na medida em que, nesse modelo, o talento é visto como aptidão potencial. "Em termos de trabalho, o 'potencial' humano de uma pessoa define-se por sua capacidade de transitar de um tema a outro, de um problema a outro" (p. 108). Em síntese, Sennett argumenta que, nessas instituições, a gestão dos talentos é marcada pelo jogo ambivalente entre meritocracia e aptidão potencial. Na próxima seção, ampliarei o diagnóstico sennettiano acerca do capitalismo contemporâneo, trazendo ao debate a temática do consumo e suas políticas – que também produzem repercussões no âmbito da escolarização de nosso tempo.

O consumo e suas potências: outros delineamentos analíticos

A temática do consumo, seja nas estratégias de marketing, seja na produção das plataformas políticas, constitui-se como outro foco analisado por Sennett acerca da cultura do novo capitalismo. O pensador social argumenta que as práticas contemporâneas ligadas ao consumo se movimentam sob uma "paixão autoconsumptiva" (p. 128), ou melhor, uma paixão que se extingue em sua própria intensidade. Cabe ressaltar que tal mobilizador não se apresenta como um novo acontecimento na cultura do novo capitalismo, visto que este acontecimento se movimenta em outros campos, como a publicidade ou a política.

> Na linguagem poética, uma paixão comsumptiva pode ser uma paixão que se extingue na própria intensidade; em termos menos sensacionais, equivale a dizer que, utilizando coisas, nós as estamos consumindo. Nosso desejo de determinada roupa pode ser ardente, mas alguns dias depois de comprá-la e usá-la, ela já não nos entusiasma tanto. Nesse caso, a imaginação é mais forte na expectativa, tornando-se cada vez mais débil com o uso. A economia de hoje reforça essa espécie de paixão autoconsumptiva, tanto nos shopping centers quanto na política (SENNETT, 2006, p. 128).

Sennett explica que a multiplicação contemporânea das práticas de consumo está afastada de alguns entendimentos que posicionam o consumo como um simples produtor de exclusões sociais, como uma intensificação das estratégias publicitárias da indústria cultural ou como uma suposta fragilidade dos produtos fabricados. A questão é um pouco mais sutil, envolvendo objetivamente a produção de marcas e de potências que regulam a ação humana tanto no consumo quanto na política. A ideia de regulação não encaminha para imposições ou violências a um sujeito passivo, uma vez que ele é ativo nas tramas culturais do consumo do novo capitalismo. Logo, quando se argumenta sobre a formação de uma sociedade de consumidores não conseguimos recorrer à imagem de um sujeito que apenas responde às interpelações ou aos endereçamentos das grandes corporações.

Quando Richard Sennett refere-se ao consumo de marcas, entende-as no sentido de diferenciação de produtos construídos em plataforma. Os produtos das grandes indústrias, como exemplifica o sociólogo através das montadoras automobilísticas, são possibilidades de notar a construção de produtos construídos sobre uma mesma base, onde apenas pequenas nuances de estilo e performance os diferenciam. O outro processo indicado pelo autor trata-se do consumo de potências, produzidas no sentido de buscas constantes e imediatas de hipervelocidades ou capacidades. Como exemplo desse processo, Sennett indica os *iPods*, fenômeno do consumo contemporâneo, que armazenavam – na época da elaboração de seu livro – aproximadamente dez mil músicas de três minutos.

O que mobiliza o consumidor é sua própria mobilidade e imaginação: o movimento e a incompletude energizam a imaginação; da mesma forma, a fixidez e a solidez a embotam. O consumidor participa do ato de exaltação das marcas, e nele o que importa é antes a laminação a ouro que a plataforma (SENNETT, 2006, p. 137-138).

O sociólogo explica ainda que as mesmas lógicas que produzem subjetividades nas práticas de consumo também povoam as atitudes ligadas à política na contemporaneidade. Sennett aponta cinco maneiras pelas quais o consumidor-espectador-cidadão é produzido em direção a um estado de passividade na cultura do novo capitalismo. A primeira maneira está na produção das plataformas políticas, que são construídas de forma aproximada com as plataformas de produtos. A segunda maneira está na ênfase atribuída às diferenças, ancorada em práticas políticas articuladas permanentemente aos jogos do marketing. A terceira maneira mostra que a produção das políticas é marcada pela impaciência na obtenção de resultados, de modo que tendem a ignorar as necessidades humanas. A quarta maneira está no crédito atribuído às políticas de fácil utilização – ou, como mostra Sennett, "os cidadãos estão deixando de pensar como artesãos" (p. 156). A quinta e última maneira apresentada pelo pensador social é a aceitação constante dos novos produtos políticos em oferta, ocasionada pelos problemas de confiança em relação aos partidos políticos, assim como pelo prevalecimento das ideias de curto prazo em matéria de processos políticos.

Considerando as questões até aqui assinaladas – arranjo institucional, gerenciamento dos talentos e produção/intensificação do consumo – conseguimos estabelecer alguns entendimentos iniciais acerca daquilo que Sennett nomeia como "sociedade das capacitações". A partir dos tópicos descritos e analisados nas seções anteriores, a seguir procurarei dimensionar essa questão em articulação com os estudos contemporâneos sobre a formação humana, em geral, e a escolarização, em particular. Para tanto, colocarei o pensamento sennettiano em justaposição a outras abordagens teóricas, com a intenção de produzir contrastes. Tal exercício, para além de desenvolver quadros comparativos, favorece o reconhecimento do potencial analítico do aparato conceitual desenvolvido pelo pensador.

Para compreender as formas capitalistas: outros olhares

Após examinar atentamente algumas conceituações delineadas por Richard Sennett, neste momento ampliarei um pouco nosso campo de análise, procurando dimensionar outras formas de compreensão para o capitalismo contemporâneo. Especificamente acerca das relações entre sujeito, trabalho e cultura, encontramos importantes intersecções entre o pensamento social de Richard Sennett e os autores do neomarxismo italiano, ainda que produzam leituras advindas de campos teóricos distintos. Serão exploradas algumas dessas aproximações nesse momento, para, a seguir, pontuarmos algumas perspectivas para as políticas de escolarização contemporâneas, tomando como ponto de partida a instigante leitura do pensamento foucaultiano, produzida por Alfredo Veiga-Neto no Brasil.

Tal como explicitado nas seções anteriores, o diagnóstico sennettiano sobre o capitalismo flexível permite-nos visualizar uma intensa busca pelas inovações, pelas estruturas em reengenharia permanente ou ainda pelo privilégio das aptidões portáteis dos indivíduos. Para ampliar o escopo de compreensão desse contexto, buscarei uma aproximação aos conceitos de "Império" (HARDT; NEGRI, 2002) e de "noopolítica" (LAZZARATO, 2006). Em comum a esses conceitos está uma aproximação com a abordagem deleuziana sobre as "sociedades de controle" (DELEUZE, 1992).

Hardt e Negri (2002), há mais de uma década, trouxeram para o campo das ciências humanas um conjunto de novas formulações teóricas que estabeleciam outros modos de interpretação para as práticas sociais. O conceito de "Império", desenvolvido em uma de suas principais obras, adquiriu rápida visibilidade e mobilizou um conjunto de investigações sobre a economia e a sociedade de nosso tempo, inclusive no Brasil.

De acordo com os autores, o Império caracterizava-se por um exercício de poder, em territórios ilimitados, que buscava governar a vida social em suas múltiplas especificidades. Assumia uma espécie de poder globalizante – um "biopoder" – no qual "o conceito de Império é a estrutura na qual a nova omniversalidade de sujeitos deve ser entendida, e é o objetivo em cuja direção o novo paradigma de poder conduz" (HARDT; NEGRI, 2002, p. 44-45).

O poder passa a ser exercido de outras formas, não mais operando exclusivamente sobre os corpos, tal como caracterizavam os sistemas políticos criados na Modernidade, mas ampliando seu campo de intervenção sobre os sentidos da vida e os desejos dos indivíduos. Essa derivação nas formas de poder é aproximada das tecnologias de controle, movimentando "redes flexíveis e flutuantes" (p. 43), modulando as novas formas de subjetividade. Como exemplar paradigmático dessas relações, encontramos as potências industriais e financeiras que "produzem, desse modo, não apenas mercadorias, mas também subjetividades" (p. 51). Em outras palavras, com suas novas formas de comunicação e sua ação subjetiva, o Império produz e reordena formas de vida.

> É por isso que as indústrias da comunicação assumiram posição tão central. Elas não apenas organizam a produção numa nova escala e impõem uma nova estrutura adequada ao espaço global, mas também tornam imanente sua justificação. O poder, enquanto produz, organiza; enquanto organiza, fala e se expressa como autoridade. A linguagem, à medida que comunica, produz mercadorias, mas além disso, cria subjetividades, põe umas em relação às outras, e ordena-as (HARDT; NEGRI, 2002, p. 52).

Nessa direção, a produção de subjetividades é efetuada de modo cada vez mais intenso. Entretanto, cabe reiterar que "a transição para a sociedade de controle envolve uma produção de subjetividade que não está fixada em identidade, mas é híbrida e modulada" (p. 353). As subjetividades são fabricadas em diferentes espaços, sendo "produzidas simultaneamente por numerosas instituições em diferentes combinações e doses" (p. 353). Tal multiplicidade de espaços de constituição de sujeitos no Império também é perceptível nas políticas do trabalho, nas quais privilegiam-se as desregulamentações.

> O Império tem trabalho para todo mundo! Quanto mais desregulado for o regime de exploração, mais trabalho haverá. Esta é a base sobre a qual as novas segmentações de trabalho são criadas (HARDT; NEGRI, 2002, p. 359).

Acerca desses tópicos podemos estabelecer conexões com os estudos sennettianos descritos nas seções anteriores, sobretudo nos modos pelos quais as subjetividades são fabricadas em cenários desregulamentados. Ampliando nossa abordagem, visando compreender questões específicas do capitalismo contemporâneo, buscarei uma aproximação com o sociólogo italiano Maurizio Lazzarato (2006), em sua obra *As revoluções do capitalismo*. Ao inspirar-se em Gabriel Tarde, pensador social francês do início do século XX, Lazzarato sugere que as relações de poder podem ser explicadas a partir da constituição de "públicos", visto que, em sociedades capitalistas, os públicos são formados por "ações a distância".

Tarde explicava, no final do século XIX, que os grupos sociais poderiam ser constituídos por novas possibilidades de organização. Para além de classes sociais, populações ou aglomerações, o sociólogo entendia que o capitalismo formava "públicos". Cabe informar, todavia, que "por público ele entende o público dos meios de comunicação, o público de um jornal" (LAZZARATO, 2006, p. 75). Em sua acepção, ao final daquele século, entrávamos em uma "era dos públicos" – "ou seja, uma época em que o problema era manter juntas as subjetividades quaisquer que agem a distância umas sobre as outras, em um espaço aberto" (p. 75). A constituição de públicos permitiu que as relações de poder fossem exercidas sob novas configurações, assim como favoreceu o desenvolvimento de novas técnicas para o capitalismo. Mais uma vez o diagnóstico articula-se com a perspectiva deleuziana sobre as sociedades de controle (DELEUZE, 1992).

Em tais sociedades, as relações de poder são ativadas por tecnologias de ação a distância – nomeadas por Lazzarato como "noopolíticas" (LAZZARATO, 2006, p. 86) – que são exercidas não mais sobre os corpos, mas sobre a atenção e a memória dos indivíduos.

> A sociedade de controle exerce seu poder graças às tecnologias de ação a distância da imagem, do som e das informações, que funcionam como máquinas de modular e cristalizar as ondas, as vibrações eletromagnéticas (rádio, televisão), ou máquinas de modular e cristalizar os pacotes de bits (os computadores e as escalas numéricas) (LAZZARATO, 2006, p. 85).

Com a emergência de tais condições, notamos também uma mudança na organização do capitalismo contemporâneo; não mais privilegiando a fábrica, mas assumindo a empresa como paradigma explicativo. O diferencial da forma-empresa, conforme Lazzarato (2006), é que "a empresa que produz um serviço ou a mercadoria cria um mundo" (p. 99). Exemplar nesse aspecto é a predominância e a influência da publicidade nas formas capitalistas hodiernas. Aliás, em sua abordagem, as formas de expressão e de comunicação adquirem centralidade na medida em que "nas sociedades de controle a questão é efetuar os mundos" (p. 99). A publicidade cria mundos, mobilizando ações e despertando desejos.

A descrição sociológica dos estudos de Lazzarato, assim como os de Hardt e Negri acima apontados, interseccionam-se com a abordagem sennettiana sobre o capitalismo flexível em diferentes aspectos. Os modos pelos quais as subjetividades contemporâneas são fabricadas, em suas relações com a cultura e com o trabalho, assinalam a emergência de novas condições – alicerçadas na flexibilidade, nas ações comunicativas, nos modelos da empresa e pelas tecnologias de controle. Sem a pretensão de justapor aleatoriamente determinados autores, reconheço que as análises propostas, em suas diferentes nuances, permitem-me alinhavar um diagnóstico cultural de nosso tempo. Visando estabelecer algumas problematizações acerca das políticas de escolarização, finalizarei essa seção retomando estudos recentes do professor Alfredo Veiga-Neto (2000; 2006).

Ao revisar o pensamento foucaultiano do final da década de 1970, as reflexões produzidas por Veiga-Neto (2000) colaboram na constituição de outros dimensionamentos para a análise da escolarização de nosso tempo. Ao destacar as mudanças nas formas de governar estabelecidas no início da Modernidade, sobretudo com a emergência do liberalismo, Michel Foucault destacava a estruturação de uma racionalidade governamental que considera a economia como estratégia privilegiada e toma a população – em si mesma – enquanto objeto de intervenção (FOUCAULT, 2008). Esse deslocamento desencadeia uma importante modificação nas formas de governar; isto é, não se governam apenas coisas, mas também indivíduos.

Nessa direção, o liberalismo ocupará papel privilegiado, ao reconhecer que se fazia necessário ocupar-se do "governo da sociedade". Segundo Veiga-Neto (2000), essas formas de governar ancoravam-se em "uma sociedade formada por sujeitos que são, cada um e ao mesmo tempo, objeto (governado de fora) e parceiro (sujeito autogovernado) do governo. Em outras palavras, um sujeito com deveres e direitos, um sujeito cidadão, um sujeito-parceiro" (p. 187). Na acepção proposta pelo pesquisador, o "jogo do liberalismo" operaria em dois níveis, a saber: populações e indivíduos; favorecendo uma ação governamental ampla e diversificada, "a todos e a cada um", como sugere Foucault.

Transcorridos alguns séculos de predominância dessas modalidades de governo, já no século XX – após a crise do Estado de bem-estar social, ocorre um novo direcionamento com a emergência do neoliberalismo em suas diferentes versões. A constatação predominante naquele período indicava que se "estava governando demais; e isso era visto como irracional porque antieconômico e retro-alimentativo" (VEIGA-NETO, 2000, p. 194). Ao levar ao limite as formulações do individualismo e da competitivização, o neoliberalismo reconfigurou a própria constituição dos sujeitos.

> Isso equivale a dizer que ele não tem em sua natureza (ou não carrega em si) um a priori econômico mas, pelo contrário,

que ele é alguém que pode e deve ser levado a se comportar dessa ou daquela maneira no mundo da economia – o que, na lógica neoliberal, equivale a dizer simplesmente: no mundo (VEIGA-NETO, 2000, p. 197).

Isso provoca-nos a compreender que, nas formas neoliberais, a empresa assume o lugar de matriz explicativa das relações institucionais, ao mesmo tempo em que o individualismo denota as relações subjetivas. Veiga-Neto (2000) assinala o individualismo derivando-se em duas capacidades principais: "de escolher" e "de competir" (p. 199). Tal mudança nas estratégias de governo permite que observemos outras formas de "governamentalidade" em ação, valendo-nos da ferramenta foucaultiana. A governamentalidade, na abordagem proposta por Foucault (2008), sugere a constituição de práticas de condução das condutas, tanto de si mesmo quanto sobre os outros.

Nesse aspecto, sob essa leitura, apresenta-se uma das diferenciações entre a leitura foucaultiana e outras interpretações do neoliberalismo. Com o filósofo entendemos que o poder e a violência são instrumentos de natureza distinta. De acordo com Veiga-Neto (2006), "enquanto o poder dobra – porque se autojustifica e negocia e, com isso, se autolegitima –, a violência quebra – porque se impõe por si mesma" (p. 29).

> E se os indivíduos são capazes de exercer o poder é porque o poder os atravessa. Isso não significa que, numa dada situação, as relações de poder sejam simétricas, isso é, de mesma "intensidade" entre aqueles que mais exercem o poder e aqueles que mais se submetem a ele a cada momento (VEIGA-NETO, 2006, p. 29).

As políticas de escolarização engendradas nas condições da cultura do novo capitalismo, descritas por Sennett (2006) e apresentadas neste capítulo, são delineadas pelas possibilidades de escolha dos indivíduos, associadas à ampliação de seu potencial de competitividade. Tais considerações são descritas de forma intensa não apenas no pensamento sennettiano, como também no neomarxismo italiano e nas leituras foucaultianas produzidas recentemente, conforme sinalizei anteriormente. A compreensão das condições de instauração da cultura do novo capitalismo, da forma como foi desenvolvida neste capítulo, adquire potencialidade quando cotejada com as questões ligadas às mudanças institucionais, ao privilégio do gerenciamento dos talentos, aos delineamentos hodiernos do consumo de potências ou ainda ao dimensionamento de uma sociedade das capacitações. Ampliarei esse diagnóstico no próximo capítulo, ancorados na sociologia contemporânea de Richard Sennett, descrevendo as implicações do conceito de meritocracia para a compreensão das políticas de escolarização de nosso tempo, atribuindo centralidade para a noção de "respeito".

Capítulo III

Autoridade, respeito e constituição subjetiva: pensar a formação humana em tempos meritocráticos

Em uma de minhas atividades investigativas realizadas no último ano, conheci Ricardo, um professor de História de uma escola pública estadual, situada em um município do interior do Rio Grande do Sul. Ricardo[19] é um professor experiente, trabalha há muitos anos com o Ensino Médio e orgulha-se de ter realizado sua formação acadêmica e profissional no início dos anos 1980. Foi líder sindical durante certo tempo, contribuiu com intensa participação na criação de movimentos sociais camponeses em sua região e militou na Pastoral da Juventude, da Igreja Católica, durante mais de dez anos. Segundo sua própria argumentação, foi através dessa atuação em campos diversificados no âmbito da política, assim como pela sua vontade de lutar contra os modos de vida capitalistas, que optou em tornar-se um professor de História que, em sua leitura sobre a vida acadêmica, favoreceria atuar na formação de sujeitos críticos.

Como herança de seus tempos de militância, o docente gaúcho traz uma preocupação ao relatar como tem percebido os atuais deslocamentos ocorridos nas políticas de escolarização. Mesmo sabendo da ampla democratização no acesso à escola em nosso País, ao longo das últimas décadas, Ricardo entende que a formação dos estudantes experiencia um novo momento ou, em suas palavras, "está respirando outros ares".

---

[19] Procuro não identificar o entrevistado em todos os detalhes de seu relato, e algumas vezes altero nomes e locais.

Em sua época de atuação junto aos movimentos juvenis, os estudantes lutavam em busca de tornarem-se "protagonistas de sua própria história". "Tomar as rédeas de seu destino", "não se submeter aos limites impostos por governos autoritários" ou mesmo incentivar o desenvolvimento de "formas econômicas cooperativas em plena sociedade capitalista" eram algumas das aspirações sociais que mobilizavam as experiências políticas e culturais de meu interlocutor. O protagonismo dos tempos do professor Ricardo tinha um tom revolucionário.

Hodiernamente, ao acompanhar a recente implementação de novas políticas curriculares para o Ensino Médio, no contexto da escola em que atua profissionalmente, o professor começou a dar-se conta de que o rumo das coisas estava sendo alterado. Desejava-se um sujeito autônomo, mas com outras configurações. Falava-se em partir da realidade dos estudantes, mas emergiam outras ferramentas de trabalho. E aquele tópico que gerou grande inquietação na fala de meu entrevistado – o protagonismo juvenil, pelo qual desafiara os "poderes instituídos" nos anos 1980, não era mais o mesmo! Na simplicidade de seus modos de vida e na perspicácia de suas leituras políticas, o professor Ricardo auxiliava-me a abrir novas perspectivas para a abordagem investigativa que estava compondo naquele momento. O docente da escola pública notava os deslocamentos políticos produzidos nas políticas curriculares contemporâneas, que acentuavam uma centralidade formativa nos novos padrões subjetivos pelo mundo da economia – objetivando, em nosso tempo, desenvolver capacidades, para produzir oportunidades econômicas. Analiticamente, estamos diante de nuances muito sutis das formas de condução da vida e de gerenciamento social no capitalismo contemporâneo, diagnóstico semelhante ao que encontramos nos capítulos precedentes.

Ricardo, conhecedor das mazelas enfrentadas cotidianamente no exercício de sua profissão, sinalizava ainda uma percepção da mudança ocorrida na constituição subjetiva dos jovens. Seus argumentos direcionavam-se para questões de autoridade, respeito e de relação duradoura com o conhecimento. Efetivamente, afirmava que "os jovens de hoje tratam tudo como mercadoria, até as pessoas, eles têm dificuldade para organizar atividades coletivas ou, mais ainda, têm pressa para tudo". De acordo com o professor entrevistado, diferentemente dos estudantes de sua geração que buscavam através do esforço próprio melhorar seus conhecimentos, os estudantes que assistem suas aulas de História desconhecem a imagem de esforçar-se para obter êxito no futuro.

A entrevista com o professor Ricardo permitiu-me realizar um deslocamento em meus estudos sobre o pensamento social de Richard Sennett. Neste capítulo, ainda preocupado em mapear ressonâncias de suas obras para pensar a educação contemporânea, realizarei uma breve revisão de alguns estudos sennettianos que versam sobre a constituição subjetiva em relação aos laços afetivos na Modernidade, ao corpo e ao desenvolvimento das cidades e a questão do respeito nas sociedades capitalistas do século XX. Ainda que versem sobre um amplo leque de temáticas, nas quais algumas estão distanciadas temporalmente em quase duas décadas, há uma preocupação na obra de Sennett em compreender os delineamentos das sociedades modernas e pensar formas alternativas para a formação humana em tempos meritocráticos.

A construção social da subjetividade: descrições sennettianas

A obra de Richard Sennett, desde suas primeiras elaborações, trazia uma preocupação em descrever a constituição subjetiva. Valendo-se de um conjunto diversificado de autores – de Tocqueville a Foucault, de Weber a Dewey – o pensador social assume como tarefa a descrição das diferentes formas desse processo. Não evidencia uma preocupação em teorizar ou elaborar grandes sistemas explicativos,[20] nem mesmo em

---

[20] Ao comentar suas estratégias investigativas, Sennett (2009) estabelece algumas precauções metodológicas. Destaca-se o pressuposto de que "não se trata tanto de produzir verdades quanto de conseguir um entendimento, uma compreensão que constitui conhecimento objetivo, ainda que de um tipo muito particular" (p. 3).

sua primeira grande obra sociológica, *O declínio do homem público* (1988). Como evidenciei na introdução deste livro, escolhi alguns tópicos da obra sennettiana para comentar. Nesta seção darei maior ênfase ao livro *Autoridade*, amplamente lido nas faculdades de Educação.

Todavia, importa assinalar que, em outros momentos de sua trajetória intelectual, o sociólogo também assumiu como tarefa a descrição da constituição dos sujeitos. Torna-se exemplar, nessa direção, os estudos sobre a dimensão subjetiva elaborados em *Carne e pedra*, obra originalmente publicada no ano 1993. Sennett produz interfaces com os Estudos Urbanos, de uma maneira geral, e com a história das cidades, em particular. Sua intenção foi recontar a constituição das cidades, em aproximação com a experiência corporal das pessoas, partindo da Atenas antiga até as condições atuais de Nova York. Ao examinar os espaços urbanos, o sociólogo considera como ponto de partida que "a civilização ocidental não tem respeitado a dignidade dos corpos humanos e a sua diversidade" (SENNETT, 2003b, p. 15). Uma das temáticas desenvolvidas ao longo do texto diz respeito ao corpo sofrido, ou dos modos pelos quais as pessoas vivem e, ao mesmo tempo, não aceitam a experiência da dor. Em muitos aspectos, por causa da imagem do corpo idealmente produzida na atualidade.

Em linhas gerais, a argumentação do autor encaminha-se para compreender a cidade como um espaço de poder que fabrica e delineia determinadas condições para a existência corporal dos indivíduos.[21] As dimensões da diferença, da complexidade e da estranheza são problematizadas. Analiticamente, pontua que "o corpo político exerce o poder e cria formas urbanas que se expressam na linguagem genérica do corpo, que reprime pelo afastamento" (p. 23). A convivência

---

[21] Na introdução de *Carne e pedra*, Sennett rende uma homenagem a Michel Foucault. Mesmo que produzindo alguns distanciamentos analíticos, afirma que pretendeu "homenagear a dignidade do meu amigo em face da morte, pois ele aceitou o corpo sofrido – o seu próprio, e os corpos pagãos a respeito dos quais escreveu nos meses derradeiros – como se estivesse vivendo além de tal risco" (2003b, p. 25).

nos espaços urbanos, então, produze ressonâncias nas subjetividades, da mesma forma que constroem, nos diferentes tempos, relações com os corpos.

Então, como assinalei anteriormente, em um dos seus primeiros estudos acerca da constituição subjetiva, Richard Sennett procurou ainda estudar os laços afetivos na sociedade moderna. Em *Autoridade*, originalmente publicado em 1980 e que enfocarei neste momento, buscou "compreender como as pessoas estabelecem compromissos afetivos entre si, o que acontece quando tais compromissos não são cumpridos ou inexistem, e quais são as formas sociais assumidas por esses vínculos" (2012a, p. 13). Deriva-se dessa pauta investigativa a perspectiva de que "os laços afetivos têm consequências políticas" (2012a, p. 13), ou seja, buscava-se examinar as formas sociais da emoção, valendo-se dos modos pelos quais podem ser fabricadas e interpretadas em contextos diversos. As temáticas da autoridade, da fraternidade, da solidão e dos rituais foram abordadas nesta obra.

Nas condições sociais dos anos de 1970, Sennett deparou-se com uma questão muito recorrente em torno dos medos da autoridade. Além de esclarecer esse medo, assumiu como tarefa fabricar novos olhares para a questão. Considerando que a autoridade é necessária e fundamental, então, o sociólogo inquieta-se sobre como "passamos a temer a influência da autoridade como uma ameaça a nossa liberdade na família e na sociedade em geral" (p. 27-28). Essa noção adquire um espaço destacado tanto na produção acadêmica quanto na vida social do século XX.

> O medo moderno da autoridade relaciona-se exatamente às figuras que se dispõem a usar seu controle sobre as pessoas para perpetrar os mais destrutivos de todos os atos. Qual é o tipo de força que as pessoas percebem num demagogo ou num genitor destrutivo? Também ela pode fundamentar-se em dar uma impressão de segurança e capacidade superior de julgamento, na capacidade de exercer disciplina e inspirar medo; mas, de que modo essas impressões provêm de uma fonte maléfica? (SENNETT, 2012a, p. 32).

Ao contrapor visões herdadas do pensamento de Max Weber àquelas próximas ao pensamento freudiano, Sennett problematiza que o dilema da autoridade de nosso tempo é, paradoxalmente, o medo que inspira associado à atração que produz. Em outras palavras, ao mesmo tempo em que inspira medo, a autoridade atrai as pessoas, exercendo um fascínio pela manifestação de sua força. Entretanto, "o que há de peculiar em nossa época é que os poderes formalmente legítimos das instituições dominantes inspiram um forte sentimento de ilegitimidade entre os quais estão submetidos a elas" (p. 42).

A rejeição da autoridade, no estudo sennettiano, poderia ser explicada através de três modos. O primeiro modo refere-se ao medo da autoridade, através da produção de uma "dependência desobediente". O segundo modo diz respeito à construção de imagens idealizadas, que se contrapõem aos modelos existentes. E o terceiro modo, de acordo com o autor, fundamenta-se numa "fantasia", na qual versa sobre o desaparecimento da autoridade. A mobilização desses três modos de rejeição, ao negarem a legitimidade dos governantes, evidenciam alguns traços essenciais da versão moderna da autoridade.

> As autoridades prometiam proteção ou ajuda, mas, com frequência, não cumpriam suas promessas. E dessa lacuna emergiu o traço essencial da autoridade moderna: figuras de força que despertavam sentimentos de dependência, medo e reverência; mas com o sentimento difundido de que havia algo de falso e ilegítimo no resultado. A força pessoal das autoridades era aceita, mas duvidava-se do valor de sua força para os outros. Aí começou a cisão entre autoridade e a legitimidade (SENNETT, 2012a, p. 67).

Outros temas vinculados à autoridade também foram explorados nessa obra, tais como os extremos constituídos pelo paternalismo e pela autonomia na Modernidade, as questões da liberdade e da cooperação ou mesmo os deslocamentos entre a onipotência da autoridade e da autovitimização. Em sua abordagem analítica, acerca disso, Sennett pontua que "o conhecimento psicológico da força, portanto, não pode ser diretamente traduzido num programa político" (p. 222). Porém, evidencia dois critérios ou exigências para pensar sobre a autoridade na vida pública – "que sejam legíveis e visíveis" (p. 222). A visibilidade significa que as pessoas que estão ocupando funções de comando devem ser claras em relação ao seu modo de agir, dizendo o que efetivamente podem ou não fazer. A legibilidade apresenta como produzir uma relação franca entre as pessoas, favorecendo a leitura de seus modos de ação na vida social. A defesa de relações visíveis e legíveis da autoridade torna-se uma importante "demanda imaginativa a esse mundo" (p. 260). Temos coisas a serem criadas no mundo político, pois "denunciar as ilusões da autoridade não nos levou a imaginar novas formas de autoridade na área social, nem a criar nada depois de a havermos negado" (p. 255). Mesmo reconhecendo que o pensamento sennettiano acerca da constituição subjetiva foi muito produtivo, desde o final da década de 1970, entendemos que a discussão acima evidenciada é atualizada na obra *Respeito*. Ampliarei essa abordagem a seguir.

Respeito, desigualdades e formação humana

Os debates sobre a constituição subjetiva, no pensamento sennettiano, começam a adquirir nuances diferenciadas em sua obra *Respeito: a formação do caráter em um mundo desigual*, originalmente publicada no ano 2003. Como continuidade dos seus estudos sobre a cultura do novo capitalismo, neste livro o sociólogo dirige suas reflexões para o *welfare*, tal como foi desenvolvido na segunda metade do século XX; entretanto, considera suas experiências pessoais para articular sua argumentação.[22] O diagnóstico elaborado como ponto de partida considera que, atualmente, "a sociedade moderna carece de expressões positivas de respeito e reconhecimento pelos outros" (SENNETT, 2003a, p. 13).

---

[22] Ao fazer uso de suas experiências pessoais, Sennett (2009) argumenta que, ao falar sobre a relação entre desigualdade e o Estado de bem-estar social, "seria mais ilustrativo descrever isso recorrendo a minha própria infância que me limitar a teorizar" (p. 1).

Para pensar o respeito próprio, ao longo da referida obra, o autor pondera que "o respeito próprio depende não só da situação econômica, mas do que fazemos, de como o conseguimos" (SENNETT, 2003a, p. 14). A relação entre desigualdade e respeito será considerada como eixo principal da obra, na medida em que "quem está na base da ordem social pode conseguir respeito próprio, mas sua posse é frágil" (p. 14). Como Sennett foi criado, a partir de sua narrativa biográfica, no interior do *welfare state*, o livro aproxima-se de suas práticas de constituição subjetiva. Ancorado nesse aspecto, o sociólogo interroga: "Como muitas formas de escassez, esta é produzida pelo homem; ao contrário da comida, o respeito nada custa. Por que, então, haveria uma crise de oferta?" (p. 17).

Uma parte da infância de Richard Sennett foi vivida em Chicago, no residencial Cabrini Green. Por dificuldades financeiras, acompanhado de sua mãe, o autor residiu em um desses lugares em que, na movimentada Chicago da metade do século XX, brancos e negros dividiam o mesmo espaço. Aquela experiência de habitação popular contribuiu para que fosse desenvolvido por Sennett um olhar aguçado sobre as desigualdades, sejam de classe social, sejam de raça. "Essa comunidade mista de negros, brancos pobres, mutilados e perturbados mentais compunha o objeto do experimento de inclusão social" (p. 21). São inúmeras as lembranças trazidas pelo autor sobre sua infância no Cabrini, mas inicialmente adquire maior evidência o trabalho profissional de sua mãe como assistente social naquela comunidade, especialmente sua atitude de evitar determinados jargões que tratavam "os pobres como bens danificados, ou descer a psicologices absurdas" (p. 35).

> Como todas as crianças, eu não levava muito a sério o trabalho de minha mãe. Mas por que ela escolhera especificamente a assistência social? Em um conto que minha mãe escreveu sobre uma assistente social, seu personagem principal "tinha a sensação de que em algum lugar, bem perto dela, mas fora de seu alcance, coisas significativas estavam acontecendo". Como profissional, minha mãe mantinha encerrado em si este senso de envolvimento; não havia nela o envolvimento

apaixonado pelos oprimidos, ela era escrupulosa e calma em seu trabalho, marcando firmemente as distâncias humanas (SENNETT, 2003a, p. 34).

O trabalho profissional de sua mãe, ao afastar-se de práticas piedosas, incitou o autor a pensar sobre a desigualdade.[23] Praticar a compaixão, lidando com os outros com distanciamento, poderia ser uma forma de respeito. De acordo com Sennett, "cruzar a fronteira da desigualdade pode exigir reserva por parte da pessoa mais forte que faz a travessia; a reserva admitiria a dificuldade, a distância pode indicar respeito, embora de um tipo peculiar" (p. 35-36). O dilema estabelecido pelo trabalho social estava em "cruzar as fronteiras da desigualdade com respeito mútuo" (p. 37).

Sennett, em sua biografia exposta em trechos do livro, argumenta que começou a dar-se conta dos outros, com reconhecimento e respeito, quando lesionou sua mão esquerda e teve que abandonar sua promissora carreira de músico profissional. Em sua perspectiva, esse acontecimento ensinou muitas coisas, destacando-se "como a perda da autoconfiança pode nos tornar conscientes dos outros" (p. 38). O autor precisou reorganizar sua vida, indo estudar em Harvard e desenvolvendo novas capacidades. Diante dessas questões, associadas aos dimensionamentos da cultura do novo capitalismo, Sennett estrutura seu livro *Respeito*. De agora em diante, comentarei as concepções de respeito e as relações entre caráter e estrutura social, procurando mapear ressonâncias para a educação atual.

Um vocabulário social para o respeito

Ao considerar a importância do respeito para nossa experiência subjetiva, Sennett propõe-se a buscar algumas compreensões. O campo da Sociologia, em suas diferentes correntes

---

[23] Os estudos sobre a desigualdade são intensos na teoria social contemporânea (CASTEL, 2011; TOURAINE, 2011; BECK, 2012; LIPOVETSKY, 2004; BAUMAN, 2008); entretanto, nesse estudo, Sennett diferencia-se cotejando-a com a questão do respeito próprio.

teóricas, trata desse conceito com variados termos, como "status", "prestígio", dentre outros. Uma dessas noções utilizadas é a de "caráter", já explorada pelo autor em obras anteriores. Diferentemente de aspectos ligados à personalidade, o caráter apresenta-se como uma noção relacional, "e transcende a máxima de que somente as relações face a face são emocionalmente absorventes" (SENNETT, 2003a, p. 71). Coloca-se como uma capacidade de envolvimento com o mundo.

Outra noção recorrente é a de dignidade, inúmeras vezes associada ao campo do trabalho. De acordo com o sociólogo, será na filosofia política do século XVIII que esta noção será delineada em seus atuais contornos, seja na ordem dos direitos humanos, seja na autojustificação pelo trabalho. Aliás, por diferentes caminhos, este será o debate promovido acerca da igualdade, uma vez que "invocar a dignidade como um 'valor universal' não contém em si nenhuma pista sobre como praticar o respeito mútuo inclusivo" (p. 77). Em razão disso que, na composição desse vocabulário social sobre essa temática, o sociólogo sugere que "o significado de respeito é social e psicologicamente complexo. Como resultado, os atos que transmitem respeito – os atos de reconhecimento pelos outros – são exigentes e obscuros" (p. 78).

Sob esse entendimento, Sennett defenderá que a formação social do caráter ocorrerá através de três maneiras, de forma que o respeito seja conquistado. A primeira forma apresentada pelo autor é o autodesenvolvimento, através das capacidades e habilidades que o sujeito poderá desenvolver. Em suas palavras, "o autodesenvolvimento torna-se uma fonte de estima social somente porque a própria sociedade condena o desperdício, valorizando o uso eficiente de recursos tanto na experiência pessoal quanto na economia" (p. 81). Adquire maior respeito, então, uma pessoa menos dotada, mas que explore suas potencialidades.

O segundo modo de formação do caráter, descrita pelo sociólogo, é o cuidado de si mesmo. Distanciando-se dos sentidos clássicos ou medievais para esta expressão, na Modernidade adquire uma conotação mais coletiva. De acordo com o autor, "cuidar de si mesmo pode significar também não se tornar um fardo para os outros" (p. 81). Nessa direção, os adultos necessitados são expostos constantemente à vergonha, enquanto que as pessoas autossuficientes são respeitadas.

A terceira forma apresentada pelo autor diz respeito à capacidade de retribuição aos outros. Em sua definição, "esta é talvez a fonte de estima mais universal, intemporal e profunda para o caráter de alguém" (p. 82). A autossuficiência não é a garantia de estima, pois tal característica não produz consequências sociais ou não fortalece as ligações e aproximações com as necessidades dos outros. Em síntese, "a troca é o princípio social que anima o caráter de quem retribui à comunidade" (p. 82). A ajuda aos outros fortalece a composição de novas formas de respeito.

Porém, de forma paradoxal, a desigualdade opera em cada uma das maneiras de formação do caráter, incitando novas questões a serem investigadas.

> A pessoa incomum que faz pleno uso de suas capacidades pode servir como ícone social, justificando a provisão inadequada de recursos ou a consideração de pessoas que não estão se desenvolvendo tão plenamente; a celebração da auto-suficiência e o medo do parasitismo podem servir como uma forma de negar a realidade da necessidade social; a compaixão que subjaz ao desejo de retribuir pode ser deturpada, em condições sociais, em piedade pelos fracos, piedade sentida pelo receptor como desdém (SENNETT, 2003a, p. 82).

No que tange ao talento desigual, ao longo do século XVIII as sociedades europeias começaram a inquietar-se com as ambíguas relações entre caráter e capacidade potencial. Nas organizações modernas as pessoas são avaliadas em termos do que podem realizar profissionalmente. Conforme a análise sennettiana, "no trabalho, como na educação, o julgamento simples 'Você não tem potencial' é arrasador de uma forma que 'Você cometeu um erro' não é" (p. 98). Noções como capacidade, habilidade, competência ou aptidão sinalizam uma ênfase nas aquisições futuras. No capitalismo contemporâneo são valorizadas outras capacidades potenciais, ligadas à flexibilidade, à competitividade e ao curto prazo, tal como apontei nos capítulos anteriores. Sob esse cenário, "a capacidade de aprender coisas novas com rapidez passa a ser mais valorizada do que a capacidade de se aprofundar ainda mais em um problema ou corpo de dados existentes" (p. 101).

Sobre o segundo aspecto, a vergonha da dependência coloca-se como uma relevante interface da relação entre respeito e desigualdade. Na sociedade moderna, a partir do século XVIII, "a dependência parece vergonhosa, em especial para os reformadores do sistema de previdência social moderno" (p. 123). Sob as condições do pensamento liberal, inspirados na "tese da infantilização", deseja-se que os adultos não dependam do governo, tal como crianças em relação a seus pais. O Estado, em sua legitimidade, deveria "capacitar o jovem a se libertar de seu jugo" (p. 126). Pensadores sociais como Mill ou Locke, por caminhos diferentes, manifestavam essa preocupação.

Com o desenvolvimento do capitalismo industrial é estabelecida uma nova articulação entre dependência e a ética do trabalho. Tal como a descrição weberiana, "foi a crença no trabalho em si como a única fonte mais importante de respeito mútuo e respeito próprio" (p. 131) que aproximou capitalistas e trabalhadores. A supremacia do trabalho sobre o lazer consolidou-se no *welfare state*.[24] Em suas palavras, "os reformadores sociais distinguiram entre indigentes que viviam na miséria remediada e os trabalhadores pobres que não dependiam da previdência" (p. 131). Essa aproximação entre trabalho e dependência produziu, inclusive, uma nova pauta educacional.

> No século XIX, pouquíssimos argumentos em favor da educação universal ou contra o trabalho infantil invocavam a ideia de proteger a criança do mundo do trabalho; mais exatamente, eles falavam de prepará-la para ele. A educação em si tornou-se cada vez mais orientada para esta tarefa; a educação proporcionada por lugares como Oxford e Cambridge foi

---

[24] Ampliando o debate em torno do trabalho no *welfare state*, Castel (2011) defende que "a nova questão social, hoje, parece ser o questionamento dessa função integradora do trabalho na sociedade" (p. 281).

crescentemente acusada de elitista, enquanto o aprendizado orientado para o trabalho justificava a disseminação da educação em massa (SENNETT, 2003a, p. 133).

A compaixão é o terceiro aspecto explorado por Sennett para estudar as relações entre respeito e desigualdade. Valendo-se do exemplo de Jane Adams, ganhadora do Prêmio Nobel da Paz de 1931, o sociólogo retoma que, ao longo do século XIX, a visita aos pobres "era um hobby para as mulheres da classe média" (p. 151). Adams pretendia "romper com a mentalidade da caridade sentimental" (p. 152). Nessas condições emergia a tarefa dos assistentes sociais, destinada a auxiliar as instituições comunitárias a aproximar-se dos grupos mais pobres. Ao trabalhar sob a lógica dos direitos civis, "eles acreditavam que esta garantia tornaria as pessoas mais iguais do ponto de vista social, aumentando assim a possibilidade de existir um verdadeiro respeito mútuo" (p. 166). Ao longo do século XX, por caminhos que descreverei a seguir, encontraremos outros delineamentos para a questão.

Trocas rituais, autonomia e a política do respeito

Após estabelecermos um vocabulário social para o respeito, bem como compreendermos um diagnóstico acerca de sua escassez, na companhia de Sennett, nesta seção, daremos mais alguns passos. Produziremos uma reflexão em torno do respeito nas políticas contemporâneas, vislumbrando seu posicionamento nas questões ligadas ao caráter, às trocas rituais e à autonomia. O dilema existente entre a autonomia e a dependência, mais que caracterizar a burocracia do *welfare*, possibilitará o desencadeamento de outros olhares para as questões educacionais.

Os reformadores do Estado, comuns na parte final do século XX, defendem uma noção de respeito distante do seu campo de intervenção. Geralmente pontuam que "instituições e profissionais devem ser substituídos, sempre que possível, por comunidades e voluntários" (p. 179). Em seu posicionamento político, notamos "a crença de que o *welfare state* deve funcionar mais como um negócio de fins lucrativos" (p. 179). A lógica da privatização, associada ao voluntariado, expõe mais duramente a questão da desigualdade – no que tange à dependência, à assistência e às garantias de cidadania.

De acordo com Sennett, desde a sua consolidação na segunda metade do século, o dilema do Estado de bem-estar social esteve vinculado ao "respeito burocrático". Ao mesmo tempo em que se defendia, sob inúmeros argumentos, uma desinstitucionalização da previdência, as comunidades locais não conseguiam atender suas questões sociais. Produzindo uma reconstituição histórica do Estado, enquanto uma instituição total, o sociólogo descreve suas aproximações com as demandas do capitalismo industrial. Entretanto, suas experiências pessoais no Cabrini-Green, durante sua infância, não se coadunam com as análises que fazem do Estado Moderno apenas como uma rígida burocracia. Em suas palavras, "em vez disso, elas ilustram qual o verdadeiro poder social destas instituições: sua capacidade de regular o respeito próprio e o respeito comunitário fazendo análises e dando aprovação, como prêmio, a seres humanos completos" (p. 198).

A ação do Estado, na análise sennettiana, tornava "respeitável a realidade da dependência" (p. 200). Seu problema, todavia, vinculava-se à questão da autonomia.

> A provisão da autonomia dentro da dependência foi o grande dilema burocrático enfrentado pelos criadores social-democratas do *welfare state*. Para seus clientes em hospitais, manicômios, conjuntos habitacionais ou centros comunitários, este problema se traduzia em como se pode escapar, tornando-se um receptor passivo da assistência – a questão era a passividade, e não a dependência. O liberalismo clássico não oferecia solução, nem os críticos modernos das instituições totais (SENNETT, 2003a, p. 204).

Como podemos pensar essa questão no âmbito do Estado contemporâneo, ou do *"welfare* liberado"? Após a dissolução da pirâmide rígida do Estado previdenciário, que delineamentos são elaborados com a mudança nas organizações? As novas formas organizativas, como vimos nos capítulos precedentes, priorizam a flexibilidade advinda do trabalho em equipe. Em seu prisma reflexivo, "quando começam a se revoltar contra a arquitetura da pirâmide, as empresas apelam à imagem da 'rede' para descrever esta nova construção horizontal e enxuta, uma forma organizacional frouxa e fácil de recombinar" (p. 211). Nessas condições, o Estado reconfigura-se assumindo uma configuração "achatada", visível em expressões constantemente utilizadas como "enxugar", "otimizar", etc. No que tange à previdência, por exemplo, "diminui a responsabilidade do governo, devolve o controle ao indivíduo" (p. 215). O indivíduo é responsabilizado pelas questões sociais.[25]

A solução para as questões sociais é direcionada às comunidades, através do estímulo às diferentes modalidades de trabalho voluntário, fazendo com que a própria noção de serviço público seja menosprezada. O sociólogo ressalta que "o trabalho voluntário é uma solução insuficiente para unir estranhos, ou para lidar com as complexidades sociais" (p. 229). Da mesma forma que o voluntariado é impulsionado, como afirmei acima, a utilidade do serviço público é questionada.

> No último quarto do século, mais amplamente, a honra do serviço público tem sido menosprezada. O que é surpreendente é como os que são sujeitos a este ataque furioso têm defendido seu respeito próprio. Eles o tem feito afirmando o valor do trabalho útil em lugar do trabalho flexível (SENNETT, 2003a, p. 230).

Em torno desse aspecto, deparamo-nos com a questão central sinalizada por Sennett na última parte de sua obra. O respeito é construído em relações sociais de confiança, na

---

De variadas perspectivas teóricas, as análises sobre as mudanças na configuração do Estado, com a emergência do neoliberalismo, sinalizam nesta direção (LIMA, 2012; BALL, 2010; BAUMAN, 2010).

medida em que justapomos noções como cooperação/trocas rituais e autonomia. Isso se torna possível quando posicionamos "o caráter enquanto aspecto do *self* capaz de motivar os outros" (p. 238). Em volta dessa questão – a construção de uma "política do respeito" – colocarei em evidência três conjuntos de argumentos.

O primeiro refere-se à noção de trocas rituais, capazes de construir o respeito mútuo. Inspirado em relatos etnográficos de Mauss, Sennett defende que a reciprocidade é a base principal da construção de práticas sociais centradas no respeito. São as trocas entre as pessoas que conformam essa relação. Os inúmeros rituais produzidos na arte, na política, na economia evidenciam trocas expressivas, capazes de lidar com a desigualdade. Em suma, defende que o respeito mútuo não é apenas "um instrumento para lubrificar as engrenagens da sociedade. Essa arte tem consequências para as pessoas que a praticam; a troca leva as pessoas a se voltarem para fora – uma atitude que é necessária para o desenvolvimento do caráter" (p. 256-257).

O segundo conjunto de argumentos, derivado do anteriormente referido, diz respeito à formação de um "caráter voltado para fora". A referida expressão é explicada como "a incorporação de uma condição de caráter bem como de compreensão, uma nova relação com os outros, bem como o compartilhar de símbolos como aqueles contidos em uma religião" (p. 273). Para tanto, o autor reconhece que a formação humana, ainda que permanentemente exposta ao mundo exterior, é um processo que ocorre no interior dos indivíduos.[26] Em suas palavras, o "voltar-se para fora" significa o prisioneiro se reformar em vez de ser reformado; não se pode prescrever-lhe outro conjunto melhor de práticas sociais" (p. 273). Supõe reconhecer que o sujeito não é uma estrutura

---

[26] Ampliando esse conjunto de argumentos, Sennett atribui importância para a noção de "disciplina", entendendo-a como uma "espécie de símbolo que representa a força psicológica que há de colocar as pessoas para sobreviver nesse capitalismo tão cheio de injustiças" (2009, p. 4).

passiva, mas produz instabilidades e novos direcionamentos a qualquer tempo.

Por fim, o terceiro conjunto de argumentos instituinte de uma política do respeito remete-nos à autonomia necessária aos indivíduos. Valendo-se das experiências políticas de seus familiares, mais uma vez em um exercício autobiográfico, Sennett descreve a luta social de sua geração como "do ódio à injustiça e ao poder desigual" (p. 290). Distanciando-se das formas ortodoxas do marxismo aprendeu a atribuir centralidade às questões da inclusão e do respeito mútuo. Porém, ressalta o entendimento de que "o reconhecimento mútuo tem de ser negociado; esta negociação envolve as complexidades tanto do caráter pessoal quanto da estrutura social" (p. 295). Considerar as nuances que demarcam a desigualdade adquire intensa relevância.

> As soluções sociais parecem mais aparentes quando se consideram as desigualdades que embasam os três códigos modernos do respeito: fazer alguma coisa da própria vida, cuidar de si mesmo, ajudar os outros. O véu pode ser retirado, de certa forma, quando se honram diferentes realizações práticas em vez de se privilegiar o talento em potencial; ao admitir as justas reivindicações da dependência do adulto; permitindo-se que as pessoas participem mais ativamente das condições de sua própria assistência (SENNETT, 2003a, p. 295).

A política do respeito assenta-se na lógica da autonomia. O pensamento sennettiano não defende uma "igualdade de compreensão"; mas, antes disso, aposta em "aceitar nos outros o que não se compreende neles" (p. 297). Assim, a autonomia do outro é valorizada tal como a nossa. Aqui podemos demarcar também o compromisso político dessa política: "outorgar autonomia dignifica o fraco ou o estranho; fazer esta concessão aos outros, por sua vez, fortalece nosso próprio respeito" (p. 297). Objetivamente, a política do respeito, para além da multiplicação das formas de desigualdade no capitalismo contemporâneo, convida-nos a problematizar permanentemente "como os fortes podem praticar respeito em relação àqueles destinados a permanecerem fracos" (p. 298).

Respeito e desigualdade: derivações educacionais

Tomamos como ponto de partida para o presente capítulo uma entrevista que realizamos com um professor de História, que atua no interior do Rio Grande do Sul. Aproximamos suas preocupações profissionais, acerca do contexto de sua sala de aula, com os estudos sennettianos sobre a constituição subjetiva, tanto no que tange à autoridade quanto à promoção do respeito nas reconfigurações do *welfare state*. Na medida em que minha intenção está em mapear ressonâncias do pensamento de Richard Sennett para a compreensão da educação contemporânea, cumpre reiterar a preocupação do autor em pensar alternativas para a formação humana em tempos meritocráticos.

Uma das questões que importa destacar nesse momento é a questão da autoridade. O sociólogo, em um texto de mais de duas décadas atrás, interroga-se sobre as consequências políticas dos laços afetivos. Diferentemente das formas culturais advindas da geração de 1968, Sennett defende a importância da autoridade. Em um importante exercício de sistematização, histórica e sociológica, o pensador questiona os modos pelos quais passamos a temer a autoridade e, após, apresenta alguns critérios para repensá-la. Sugere que dois critérios podem ser colocados em ação para dimensionar a autoridade em nosso tempo – que elas sejam visíveis e legíveis. Ao fazer da autoridade uma questão pública, o pensamento de Sennett auxilia-nos a um afastamento dos modelos autoritários, ao mesmo tempo em que expõe formas alternativas de autoridade a serem consideradas em nossos horizontes.

Outra questão emergente deste capítulo, com significativas derivações para a escola contemporânea, diz respeito às formas pelas quais a sociedade contemporânea necessita de "expressões positivas de respeito e reconhecimento pelos outros". Mesmo que expressões como dignidade e caráter sejam relevantes para pensarmos a formação humana, Sennett insiste na expressão "respeito próprio". Em sua abordagem, o respeito é de natureza social, sendo construído em cenários de ampla complexidade.

De forma perspicaz, problematiza que "o respeito próprio não pode ser 'ganho' da mesma forma que as pessoas ganham dinheiro" (p. 14). Mesmo diante de uma crise da legitimidade do Estado, associada a uma ressignificação das suas formas de atuação na atualidade, o sociólogo defende a efetivação de uma "política do respeito".

Considero que a referida noção sennettiana seja muito produtiva para o estudo das políticas e práticas de escolarização de nosso tempo. Com as peculiaridades atinentes ao recrudescimento da pauta neoliberal, o autor reitera que a lógica da privatização, vinculada às expressões do voluntariado, materializam a desigualdade, sob novas nuances. Assim, uma política do respeito estaria assentada em trocas rituais, em determinada forma de caráter e na autonomia. O respeito mútuo pode apresentar-se como aspecto central para novas políticas, que, na contramão da lógica predominante, favoreçam a autonomia necessária para os indivíduos. Por fim, cabe reforçar que a noção de respeito próprio, mobilizada no pensamento sennettiano, é produto de práticas sociais que valorizam novas configurações subjetivas, menos meritocráticas, menos autoritárias. Penso que a releitura dessas obras pode catalisar novas interrogações para o pensamento educacional contemporâneo.

Capítulo IV

ARTESANIA E COOPERAÇÃO:
ALTERNATIVAS POLÍTICAS
AOS MODOS DE PENSAR O TRABALHO

Em suas duas últimas obras publicadas no Brasil – *O artífice* e *Juntos* – Richard Sennett dirige sua reflexão para práticas alternativas em relação ao trabalho e à formação humana engendrados na cultura do novo capitalismo. Ao invés de pensar as relações humanas a partir do individualismo e da meritocracia, o pensador social propõe outras possibilidades, a saber: as práticas de cooperação e o trabalho artesanal. Entretanto, duas ressalvas merecem ser realizadas no início deste capítulo. A primeira delas é que Sennett encontra alternativas políticas no interior da sociedade capitalista, distanciando-se de argumentações revolucionárias e de construções utópicas. A segunda ressalva é que o autor trata da artesania e da cooperação enquanto práticas produzidas socialmente, não as vinculando a uma essência humana ou a algum tipo de discurso benevolente. Em outras palavras, artesania e cooperação são coisas a serem feitas pelos sujeitos em interação com as demandas da sociedade do seu tempo. Parece-me que, somente com esses dois aspectos, já teríamos encontrado ressonâncias para o pensamento educacional contemporâneo.

Porém, vamos adiante. Para compor uma reflexão inicial para este capítulo, proporei um caminho alternativo para ingressar no debate dessas questões, fazendo uso de uma narrativa cinematográfica. *Dallas Buyers Club* [*Clube de Compras Dallas*] é um filme de Jean-Marc Vallée lançado no ano 2013 e que recebeu inúmeras premiações, tanto pelo seu roteiro e direção quanto por sua produção e atuação individual dos atores. Relata a história de Ron Woodroof, um eletricista com estilo caubói que, pelas suas condições de vida, contrai o vírus HIV, no ano 1985. Heterossexual e com uma postura muito preconceituosa, Woodroof não aceita que tenha contraído a doença, pois reconhecia que somente homossexuais eram grupos de risco.

Após o diagnóstico, os médicos indicam que sua existência será de, aproximadamente, trinta dias. O personagem não aceita o diagnóstico e, por meios ilegais, começa a adquirir o medicamento AZT, na época ainda em testes, através de uma operação de tráfico envolvendo um enfermeiro do hospital. No momento em que essa estratégia deixa de funcionar, Woodroof toma a decisão de ir até o México em busca de outras formas de tratamento, inclusive descobrindo naquele país que o AZT é bastante perigoso ao organismo doente. A partir dessa situação se inicia o Clube de Compras.

O eletricista começa a traficar medicamentos alternativos para os Estados Unidos, valendo-se de diversos estratagemas, e encontra nessa situação um negócio produtivo – algo rentável e que, ao mesmo tempo, produz soluções para a sobrevivência de outras pessoas. Através de uma taxa mensal de quatrocentos dólares, os pacientes se associam ao Clube de Compras Dallas e têm acesso aos medicamentos que precisem. Aquele indivíduo preconceituoso, que pensava apenas em manter suas orgias sexuais e vícios diversos, realiza uma mudança existencial. Inclusive, mantendo sociedade – e muita amizade – com um jovem transsexual que conheceu no hospital.

Além de fazer uma dura crítica à indústria farmacêutica e aos métodos estabelecidos como tratamento nos anos 1980, o filme de Jean-Marc Vallée produz uma narrativa acerca de um sujeito que assumiu modos de vida alternativos no interior da sociedade capitalista. Colocou-se como "artífice" de seu tratamento – estudando e buscando possibilidades em diferentes países –, mas também mobilizou intensas práticas de cooperação. Nesse âmbito podemos nos reencontrar com os livros de Sennett que serão examinados neste capítulo.

A artesania como alternativa econômica e cultural ao novo capitalismo

Em seus escritos recentes, como apontei anteriormente, Richard Sennett tem procurado desenvolver uma reflexão densa e significativa acerca de espaços alternativos à lógica da cultura do novo capitalismo. Procura dimensionar outros pontos para a compreensão das relações que o sujeito estabelece com seu trabalho, para além das questões atinentes às capacitações, à meritocracia e ao privilégio da competitividade, tópicos tão bem explorados em suas obras analisadas anteriormente. Com o livro *O artífice*, publicado originalmente em 2008, Sennett abre uma nova frente de trabalho, na qual explora os modos pelos quais os artesãos – em suas diferentes possibilidades – estabelecem outras aproximações com seu trabalho, articulando o "pensar" e o "fazer".

Ao defender que o pensamento e o sentimento estão contidos no fazer, concepção explicitada já na abertura da obra, o sociólogo estabelece uma interlocução com o pensamento de Hannah Arendt, sua professora há quase meio século. Diferentemente da abordagem arendtiana acerca de uma primazia do *Homo faber* sobre o *Animal laborens*, reconhecendo que o pensar é mais importante que o fazer, Sennett (2013) propõe que "as pessoas podem aprender sobre si mesmas através das coisas que fazem" (p. 18). Entender os processos pelos quais as coisas são feitas, em sua dimensão material, revela também os modos como nos constituímos no que somos, da mesma forma que amplia os entendimentos contemporâneos sobre o trabalho, situando-o não apenas em uma condição econômica.

Em *O artífice*, livro examinado nesta seção, o sociólogo propõe-se a estudar a habilidade artesanal, entendida como um "estilo de vida" desprestigiado nas condições da industrialização dos últimos dois séculos. Em sua acepção, a "habilidade artesanal designa um impulso humano básico e permanente, o desejo de um trabalho benfeito por si mesmo" (SENNETT, 2013, p. 19). Com essa definição, a abordagem sennettiana argumenta que a habilidade artesanal perfaz diferentes profissões, na medida em que é posicionada como um tipo de relação com o trabalho. A referida forma de trabalho supõe uma ênfase na perícia – questão explorada anteriormente – na qual privilegiam-se os padrões objetivos de qualidade, ultrapassando os limites de um trabalho com conotação meritocrática.

Entretanto, a atividade artesanal do artesão na atualidade não se torna facilitada, visto que nossas condições sociais e econômicas não atribuem centralidade ao trabalho disciplinado requerido pela artesania. Estendendo o olhar para os processos formativos, Sennett pontua que "é possível que as escolas não proporcionem as ferramentas necessárias para o bom trabalho e que nos locais de trabalho não seja realmente valorizada a aspiração de qualidade" (SENNETT, 2013, p. 19). Ainda assim, o sociólogo argumenta que seu desafio está em explorar as dimensões da habilidade e do empenho desse trabalhador de um outro jeito que potencialize as relações entre o pensar e o fazer, entre "a mão e a cabeça".

> Todo bom artífice sustenta um diálogo entre práticas concretas e ideias –, esse diálogo evolui para o estabelecimento de hábitos prolongados, que por sua vez criam um ritmo entre a solução de problemas e a detecção de problemas. A relação entre a mão e a cabeça manifesta-se em terrenos aparentemente tão diferentes quanto a construção de alvenaria, a culinária, a concepção de um playground ou tocar violoncelo – mas todas essas práticas podem falhar em seus objetivos ou em seu aperfeiçoamento. A capacitação para a habilidade nada tem de inevitável, assim como nada há de descuidadamente mecânico na própria técnica (SENNETT, 2013, p. 20).

A argumentação desenvolvida por Sennett nessa obra é bastante relevante para potencializar novos olhares acerca da escolarização contemporânea. Além de fecundar o estudo das relações entre trabalho e educação, *O artífice* sustenta duas teses que podem ser recebidas de forma polêmica no cenário educacional. A primeira defende o desenvolvimento de habilidades a partir de práticas corporais, enquanto a segunda sugere que a capacidade técnica amplia-se com a imaginação. O espaço da oficina, a seleção das ferramentas, a consciência material, as instruções expressivas e o trabalho voltado para a qualidade são algumas questões exploradas ao longo das três partes componentes da obra. Comentarei nesse momento algumas dessas questões, de forma diagonal e crítica.

Na primeira parte da obra, Sennett propõe-se a reconstituir o campo de trabalho do artesão, revisitando sua oficina, sua consciência e sua inquietude frente ao mundo. Para apresentar a produção da habilidade, valendo-se dos exemplos do carpinteiro, do técnico de laboratório e do maestro, o sociólogo evidencia uma das primeiras condições existenciais do artífice: a dedicação. Em suas palavras, "o artífice representa uma condição humana especial: a do engajamento" (p. 30). As pessoas se engajam nas atividades práticas atingindo um significativo grau de aperfeiçoamento, de tal forma que sua atuação profissional não se limita a uma ação mecânica. Em níveis elevados, "as pessoas são capazes de sentir plenamente e pensar profundamente o que estão fazendo quando o fazem" (p. 30). O desenvolvimento da perícia artesanal, então, permite que as pessoas relacionem-se a uma realidade material e orgulhem-se do seu trabalho.

Procurando pelas origens do artífice, o sociólogo opta por uma primeira imersão no contexto da Grécia Antiga, no trabalho dos antigos tecelões. A figura de Hefesto, o representante dos trabalhos manuais na mitologia grega, é considerada como um ponto de partida. Ao reler o poema de Homero dedicado a Hefesto, Sennett reconhece que a palavra utilizada para designá-lo era *demioergos*. Naquele contexto, tratava-se "de uma combinação de público (*demios*) com produtivo (*ergon*). O artífice arcaico ocupava uma posição social mais ou menos equivalente à da classe média" (p. 32).

A figura de Hefesto simbolizava os trabalhos que eram passados de geração em geração, homens públicos que realizavam atividades socialmente úteis. A dimensão de seu trabalho era fortemente comunitária, na medida em que "a capacitação seria um vínculo ao mesmo tempo com os antepassados e os pares" (p. 32). Tal dimensão comunitária adquiria ênfase na medida em que, no mundo tradicional, os padrões de qualidade dos trabalhos realizados eram definidos em relações sociais. O artesanato era uma tarefa pública.[27]

De volta ao debate atual, o sociólogo retoma que, sob as condições do capitalismo contemporâneo, o trabalho fez-se mais "desagregado". Os indivíduos que operam na nova economia não planejam ações em longo prazo e mesmo seu processo formativo evita a repetição e busca resultados rápidos. Na obra em exame, Sennett trabalha com a hipótese de que, em patamares qualificados, a formação de um artífice teria a duração de dez mil horas de experiência, seja um músico, um oleiro ou um jogador de futebol. Assim, a proposição sennettiana indica a importância da repetição no processo formativo – pressuposto que, sem dúvida, chocaria os arautos de uma pedagogia inovadora. Aliás, o sociólogo constata que os professores temem produzir tédio nos estudantes ao evitarem a rotina, "mas desse modo impedem que as crianças tenham a experiência de estudar a própria prática e modulá-la de dentro para fora" (p. 49).

O desenvolvimento de uma capacitação, sob essa abordagem argumentativa, implicaria em repetição. O exemplo oferecido pelo sociólogo é o CAD (Computer-Assisted Design), programa de informática que permite construções em tela. Revisando brevemente a história da arquitetura contemporânea, Sennett indica que os atuais profissionais têm uma visão mais restrita do seu trabalho. Isso não significa assumir um debate sobre o prejuízo das máquinas; mas, antes disso, reconhecer que há uma separação entre a cabeça e a mão. "O desenho com ajuda de computador pode servir como um símbolo de um amplo desafio enfrentado pela moderna sociedade: como pensar a vida como artífices fazendo bom uso da tecnologia" (p. 56).

Partindo da relevância do artífice para uma compreensão alternativa do mundo do trabalho, ao mesmo tempo em que

---

[27] Entretanto, em entrevista recente, lembra-nos que a aposta na dimensão comunitária não implica em uma aposta cega na política feita "de baixo para cima". Pois isso seria "uma atividade política espontânea, o que significa pedir às pessoas que conheçam coisas para as quais não estudaram ou trabalharam" (2015, p. 6).

posiciona a capacitação como um produto de longo prazo, Sennett dirige sua reflexão para a casa do artífice – a oficina. Pensadores sociais como Saint-Simon, Fourier ou Karl Marx possuíam uma visão romântica sobre a oficina, visto que postulavam naquele lugar as condições de "um lar acolhedor, um lugar onde o trabalho e a vida misturavam-se frente a frente" (p. 67). Porém, o sociólogo trata de desmistificar essa questão, na medida em que as oficinas não seguiam as regras de uma família; ou, em outras palavras, "suas recompensas emocionais [eram] mais impessoais, notadamente uma posição honrosa na cidade" (p. 67). A oficina buscava a autoridade produzida pelo reconhecimento.

Era o reconhecimento público da oficina que dava a autoridade ao trabalho do artesão, mesmo que outros fatores influenciassem, como o fato de ser cristão. Sennett especifica que a autoridade proveniente da atividade das oficinas residia "na qualidade de suas habilidades" (p. 75). Em casos como o do "ourives", um dos artífices mais explorados na argumentação sennettiana, a questão profissional também adquiria relevância, pois, "esse imperativo ético se manifestava na própria atividade tecnológica – a prova, ou análise – que conferia valor econômico à ourivesaria" (p. 75). A história da oficina denota, por entre suas possibilidades e conflitos, a arte de organizar o trabalho de forma comprometida com os outros, ainda que, ao longo do tempo, a busca pela originalidade tenha modificado esse jogo de relações.

Ampliando o cenário da oficina do artífice, outra questão que se torna emblemática é o dilema da máquina: seria uma ferramenta ou um inimigo? O século XVIII, em decorrência da abundância econômica que o caracterizou, trouxe um conjunto de mudanças tecnológicas para a produção. A qualidade de vida foi melhorando, as possibilidades de aquisição foram aumentando, de forma que as virtudes da moderação e da simplicidade, características do artesão, fossem ressignificadas. Já no século XIX, a cultura da máquina já começava a ser vista como um inimigo. Os debates sobre qualidade x quantidade, natural x artificial, moderação x desperdício, gradativamente, aproximariam a figura do artífice de certo romantismo. Porém, interrogava-se: "o trabalho com as máquinas, em vez da luta contra elas, constituía o desafio verdadeiramente radical e libertador" (p. 135).

Ao concluir a primeira parte de *O artífice*, o sociólogo ainda evidencia uma dimensão fundamental do trabalho do artífice – sua consciência material. Por consciência material, o autor indica "o terreno consciente próprio do artífice; seus esforços no sentido de realizar um trabalho de boa qualidade" (p. 138). Seja no trabalho do oleiro ou do tijoleiro, a consciência material presumia um tipo de intervenção especializada, uma marca do fabricante que tornava sua ação peculiar. Os detalhes, o padrão de acabamento ou a relação com a matéria-prima eram produto das relações que o artesão estabelecia com seus materiais, isto é, de suas habilidades artesanais. Após revisar a constituição histórica do artesão, sua oficina, sua organização e sua consciência material, ao concluir essa primeira parte, Sennett apresenta uma diferenciação entre artesão e artífice. Reconhecendo no segundo termo uma categoria mais ampla, que poderia ser caracterizada pelo "desejo de realizar bem um trabalho, concretamente, pelo prazer da coisa bem feita" (p. 164). Na próxima parte da obra, Sennett dirige sua atenção para a ação profissional do artesão.

De maneira a explorar o contexto laboral do artesão, o primeiro aspecto sublinhado por Sennett refere-se às habilidades manuais, isto é, ao movimento necessário para a operacionalização do trabalho. Especificamente, o sociólogo descreverá as relações entre "a cabeça e a mão", considerando o contexto da atividade dos músicos, dos cozinheiros e dos insufladores de vidro. Em suas palavras, "as técnicas manuais avançadas por eles desenvolvidas constituem uma condição humana especializada, que no entanto tem implicações na experiência mais comum" (p. 169). O ponto de partida de sua abordagem considera a importância da mão nos processos de humanização.

O desenvolvimento da habilidade artesanal, sob tais condições, pressupõe o envolvimento com a concentração. Diferentemente do que supõem alguns discursos sobre a aquisição de capacitações, Sennett indica que a capacidade de se concentrar "por longos períodos" indica que o indivíduo está preparado para essa tarefa. Entretanto, esclarece que "a capacidade de concentração física segue regras próprias, baseadas na maneira como as pessoas aprendem a praticar, a repetir e a aprender com a repetição" (SENNETT, 2013, p. 194). A concentração, bem desenvolvida, será colocada em ação por muitos anos, por períodos diários sistematicamente distribuídos. Disso deriva-se a já citada "regra das dez mil horas", que visa encontrar um padrão de qualidade no trabalho a ser feito. Entre o ritmo e a repetição, os aprendizes compreenderão que "praticar alguma coisa é uma atividade de estrutura própria e interesse intrínseco" (p. 198). A concentração, dessa forma, induz/produz o desenvolvimento técnico da mão, que se amplia e se consolida através de um repertório de práticas repetidas.

Outro aspecto referente a essa questão diz respeito ao próprio processo de formação de um artesão, o qual pode ser caracterizado pelo uso de instruções expressivas. Na descrição desenvolvida por Sennett, um artesão inicia o desenvolvimento de suas habilidades pelo princípio da instrução, o "mostrar em vez de dizer". A demonstração ocupa, então, um papel privilegiado na medida em que supõe uma orientação para a ação. "O princípio de mostrar em vez de dizer ocorre nas oficinas quando o mestre demonstra em atos o procedimento acertado" (p. 203). As situações exploradas por Sennett em torno dessa questão dizem respeito às receitas culinárias.

O uso de ferramentas é outro aspecto importante na formação do artesão. Nesse aspecto, as dificuldades impostas conduzem ao aperfeiçoamento, visto que "seja qual for a utilização que lhe demos, aprendemos alguma coisa com a precariedade da ferramenta" (p. 217). Ferramentas diversas como os bisturis, microscópios ou telescópios desenvolveram-se em meados do século XVIII estimulando a compreensão humana do universo. Em comum ao uso desses instrumentos, o sociólogo assinala que "as ferramentas podem mobilizar-nos mais genericamente para grandes saltos intuitivos no desconhecido" (p. 233). A questão da intuição é destacada como forma de modelagem da imaginação do artífice. Na segunda parte da obra, Sennett explora o desenvolvimento da capacitação do artesão, através das habilidades manuais, da concentração, das instruções, das ferramentas estimulantes e da intuição. Sua principal argumentação, desenvolvida nessa parte, indica que os artesãos vão melhorando gradativamente seu trabalho, pois assim "será capaz de conquistar a recompensa emocional do artífice, o sentimento de competência" (p. 265).

Na terceira e última parte de *O artífice*, Sennett explora duas características da habilidade artesanal, a saber: o trabalho voltado para a qualidade e o desenvolvimento de habilidades. Acerca do primeiro aspecto, em aproximação ao Iluminismo, o sociólogo defende que nascemos com habilidades em comum, como "capacidades brutas", e que "a motivação e a aspiração da qualidade é que nos conduzem por caminhos diferentes na vida" (p. 269). Essa questão nos permite pensar que as motivações são fabricadas em determinadas condições sociais.

O trabalho voltado para a qualidade pode conduzir a um processo de especialização, no qual o especialista pode apresentar-se de duas formas – "sociável e antissocial". A forma sociável buscaria contribuir para a consolidação de uma determinada técnica, a segunda, por outro lado, torna-se obsessiva e privilegia a competição. De acordo com Sennett, o lado negativo dessa obsessão vincula-se ao perfeccionismo, um excesso de preocupação – "uma armadilha comportamental" (p. 281). Conforme a argumentação sennettiana, o bom artífice realiza um esboço de seu trabalho, valoriza a contingência e as limitações, evita buscas inflexíveis ou radicais e distancia-se do perfeccionismo. Ao reconhecer tais habilidades, faz-se possível entender a noção de vocação de outro lugar, não como um chamado anterior (a vida corporal), mas como uma "narrativa continuada", como algo fabricado em rotinas nas quais o artífice se aperfeiçoa.

Por fim, se a habilidade artesanal é produzida de forma narrativa, ao longo do tempo e da experiência de trabalho, a tese defendida por Sennett é que "praticamente qualquer um pode tornar-se um bom artífice" (p. 299). Mais uma vez inspirado nos escritos iluministas, o sociólogo defende que "a capacidade compartilhada de trabalho nos ensina como nos governar e nos ligar aos outros cidadãos num terreno comum" (p. 300). Em síntese, propõe que "o bom trabalho modela a boa cidadania" (p. 300). Em torno disso, pontua que a base da perícia artesanal envolve três capacidades: localizar, questionar e abrir. Em suas palavras, "a capacidade de trabalhar bem está bastante equitativamente distribuída entre os seres humanos; ela se manifesta inicialmente nos jogos e brincadeiras, é elaborada nas capacidades de localização, questionamento e abertura aos problemas no trabalho" (p. 318).

Em *O artífice*, Sennett busca revitalizar a importância do *Animal laborens*, tratado com desprezo na filosofia arendtiana. Em aproximação ao pragmatismo, o autor procurou dar maior evidência à experiência ao trabalho do artesão, examinando como constrói suas capacitações em contato com ferramentas, materiais e pessoas. A tese defendida no livro é que "o ofício de produzir coisas materiais permite perceber melhor as técnicas de experiência que podem influenciar nosso trato com os outros" (p. 323). Ao enfatizar a importância da rotina e da prática, Sennett pontua que as "habilidades são desenvolvidas de dentro para fora, através de um lento processo de metamorfose" (p. 327). Ainda que indique alguns problemas éticos, tal como o preciosismo e a impaciência com outros ritmos, os artífices orgulham-se de suas habilidades, da lentidão do trabalho e do empenho de olhar para a frente com a reflexão e a imaginação necessárias para colocar a perícia em ação. Justaposta a questão da artesania, posteriormente, o pensador social posiciona as práticas de cooperação, capazes de fabricar habilidades dialógicas. A seguir trato desse tópico.

As práticas de cooperação: dimensões pragmáticas

Dentre os desenvolvimentos contemporâneos dos estudos sennettianos, precisamos atribuir destaque para as práticas de cooperação, evidenciadas em sua obra *Juntos: os rituais, os prazeres e a política da cooperação*. Para a escrita desse livro, Sennett parte do pressuposto de que, por questões culturais, econômicas e políticas, as sociedades de nosso tempo estão cada vez mais próximas de um certo tribalismo. Os sentimentos de "nós contra eles", evidenciado em diferentes conflitualidades contemporâneas, sugerem a constituição desse tribalismo.[28] Nas condições complexas em que vivemos, "tentar delimitar toda essa complexidade em um único molde cultural seria repressivo, politicamente, mentindo a nosso respeito" (SENNETT, 2012b, p. 14). Pensar o que os outros são, sem conhecê-los, conduz a produção de estereótipos, alimentando o medo. Em torno disso que o pensador assinala a importância da cooperação, entendida como "uma troca em que as partes se beneficiam" (p. 15).

Uma das hipóteses mais relevantes desenvolvida por Sennett, com implicações significativas para o campo educacional, diz respeito à perspectiva de que as trocas cooperativas podem ser de diferentes formas, mas surgem da atividade prática. Dentre suas diferentes matizes, o autor defende que "a boa alternativa é um tipo exigente e difícil de cooperação; ela tenta reunir pessoas de interesses diferentes ou conflitantes, que não se sentem bem em relação umas às outras, que são desiguais ou simplesmente não se entendem" (p. 16). Isso se justificaria pois, na acepção do autor, os tipos mais exigentes de cooperação produzem, para os sujeitos, uma maior compreensão de si mesmos. Tais formas de cooperação seriam desencadeadas a partir de "habilidades dialógicas".

Para além da questão do tribalismo, em condições gerais, o pensador social assinala que a sociedade moderna "desabilitou" a cooperação. Seja pela intensa produção de desigualdades, seja pelo trabalho de curto prazo, Sennett indica que as relações sociais tornaram-se cada vez mais superficiais. Como as pessoas não permanecem por longo tempo nas instituições, não há um envolvimento com os problemas coletivos, mas

---

[28] Ao comentar o pensamento sennettiano em um texto jornalístico, Schüler (2015) traz como exemplo para essa questão o uso da internet e das redes sociais. Segundo o autor, "o ponto crucial é: a internet torna crescentemente visível o que antes era invisível. E nos condena a viver juntos. Com nossos humores, idiossincrasias e impaciências" (p. 2).

apenas com os que dizem respeito a si mesmo. A ansiedade ou a dificuldade de lidar com as diferenças são sintomáticas nesse aspecto. Conforme o sociólogo, "um dos resultados é o enfraquecimento do impulso de cooperar com aqueles que se mantêm teimosamente Outros" (p. 19). Para explicar essa questão, vale-se de uma metáfora técnica – "desabilitar".

> A desabilitação vem ocorrendo em igual medida no terreno social: as pessoas perdem a capacidade de lidar com as diferenças insuperáveis, à medida em que a desigualdade material as isola, que o trabalho de curto prazo torna mais superficiais os contatos sociais e gera ansiedade a respeito do Outro. Estamos perdendo as habilidades de cooperação necessárias para o funcionamento de uma sociedade complexa (SENNETT, 2012b, p. 20).

Com a hipótese da desabilitação, importa explicar, Sennett não assume uma abordagem nostálgica. Pelo contrário, sugere que a capacidade de cooperar continua muito presente no desenvolvimento humano, desde a primeira infância. Valendo-se da tese do psicólogo Erikson, por exemplo, aponta que "a cooperação antecede a individuação: ela é o fundamento do desenvolvimento humano, na medida em que aprendemos como estar juntos antes de aprender como nos manter à parte" (p. 24). Com isso, o sociólogo infere que a cooperação é uma "experiência adquirida", uma espécie de conquista de nossa individualidade na partilha com os outros.

Ainda de forma preliminar, outro aspecto aproxima-se das habilidades necessárias para a cooperação, sendo a primeira delas a "conversa dialógica". Tanto em um ensaio de músicos profissionais quanto em um jogo entre crianças, Sennett pontua a importância de determinados rituais, em especial ligados a saber ouvir. Diferentemente de uma "conversa dialética" que aguardaria por uma síntese, a "conversa dialógica" descrita pelo pensador sinaliza um compromisso em ouvir e identificar-se com o outro, em um exercício de empatia. No entanto, esclarece que "a empatia é uma prática mais exigente, pelo menos na escuta; o ouvinte precisa sair de si mesmo" (p. 34).

Como exemplar dessa empatia, o autor contrasta suas experiências juvenis nos Estados Unidos com sua chegada a Londres, onde teria aprendido a "arte do subjuntivo". Uma conversa dialógica, com empatia, seria uma das bases da cooperação. "Pela prática dos rodeios e vias indiretas, conversando no subjuntivo, podemos vivenciar certo tipo de prazer sociável: estar com os outros, dando-lhes atenção e aprendendo sobre eles, sem nos obrigar a ser como eles" (p. 36). Assim, evidencia-se que "nossa capacidade de cooperar é muito maior e mais complexa do que querem crer as instituições" (p. 43).

Considerando a cooperação como uma habilidade, Sennett organizou a obra aqui comentada em três partes, as quais detalharei a seguir. A primeira parte apresenta como a cooperação foi sendo moldada historicamente, diferenciando-se e justapondo-se à competição. A seguir, na segunda parte, mostra que essa prática tem sido desabilitada na contemporaneidade, tanto pelas desigualdades quanto pelo individualismo. Na terceira parte, Sennett apresenta algumas práticas que tendem a fortalecer a cooperação. Examinaremos cada uma delas, a seguir.

Reconstituição histórica das práticas de cooperação

Ao reconhecer que a cooperação apresenta formas variadas e complexas, Sennett indica que "a cooperação não é intrinsecamente benigna; pode unir pessoas que passam então a fazer mal umas às outras" (SENNETT, 2012b, p. 157). Sua intenção, então, é privilegiar uma forma que se torne mais aberta, mais dialógica e que mobilize a empatia. De acordo com o autor, partindo da Exposição Universal de Paris ocorrida em 1900,[29] os primeiros contornos de uma preocupação com a questão social ligavam-se à solidariedade.

---

[29] Aberta em 15 de abril de 1900, a referida exposição buscava explicitar os principais avanços obtidos ao longo do século XIX, ao mesmo tempo em que apresentava alternativas para o século iniciante. Ao longo de sete meses, teria recebido, aproximadamente, cinquenta milhões de visitantes.

Naquele momento, a solidariedade "designava em geral a ligação entre os vínculos sociais do cotidiano e a organização política" (p. 51). Os debates políticos produzidos na exposição buscavam, por meio de uma ação conjunta, "preencher" as separações sociais.

Em torno desse aspecto, Sennett sugere que tenha ocorrido uma bifurcação nos sentidos sobre a solidariedade. De um lado, alguns grupos defendendo uma percepção de "cima para baixo"; por outro, uma defesa de uma solidariedade mais orgânica, de "baixo para cima". Estabelecia-se, no âmbito da política, uma linha divisória entre a "esquerda social" e a "esquerda política". No início do último século, as casas comunitárias apresentavam-se como exemplares paradigmáticos.

> A estrela da mostra de Paris em matéria de solidariedade construída de baixo para cima era a casa comunitária. Na forma, a casa comunitária era uma associação de voluntariado situada em comunidade urbana pobre, na qual trabalhadores de baixa renda podiam receber educação, conselhos sobre questões da vida cotidiana ou simplesmente encontrar um lugar limpo e aquecido para passar alguns momentos. Os serviços eram fornecidos basicamente por mulheres de classe média, geralmente trabalhando de graça; doadores de classe média compravam ou financiavam os prédios, embora em certas casas comunitárias os pobres contribuíssem com o que podiam, limpando, fazendo consertos e cozinhando para a comunidade (SENNETT, 2012b, p. 59).

As casas comunitárias, na descrição sennettiana, vislumbravam-se como uma iniciativa precursora da cooperação enquanto prática. Seu desafio vinculava-se a manter um espírito comunitário, uma espécie de preocupação em "estabelecer conexões verbais pacíficas, ainda que imperfeitas, nos guetos de imigrantes" (p. 68). A cooperação seria capaz de modelar a experiência cotidiana na medida em que encorajava a aproximação entre os diferentes e o desejo de associação. Buscando exemplos na Chicago do último século, o pensador social descreve as potencialidades das práticas comunitárias em "nutrir a trama comunitária" (p. 68).

Outro espaço apresentado por Sennett, em torno da constituição histórica da cooperação, é a oficina. Espaço já explorado analiticamente em seu livro *O artífice*, a oficina, desde a Antiguidade, é apontada como modelo de cooperação. Tais espaços de trabalho sempre apresentaram importantes rituais sociais. Em suas palavras, "eram rituais de código de honra, mas, em vez de serem praticados por trás do pano, como nas coalizões políticas, esses rituais assinalavam publicamente as obrigações recíprocas entre parceiros desiguais – entre senhores, jornaleiros e aprendizes em cada oficina" (p. 75). As práticas do artesão, em sua especificidade, sinalizavam a composição de uma "política de cooperação". Seu ponto crítico é encontrar o equilíbrio entre cooperação e competição.

Na busca desse equilíbrio, Sennett parte do pressuposto de que cooperação mútua e competição podem ser combinadas. Buscando exemplos do mundo natural, o sociólogo assinala que as trocas representam formas específicas para o entendimento dessa questão. Essa opção sugere que "a divisão do trabalho nos ajuda a multiplicar nossos poderes insuficientes, mas essa divisão funciona melhor quando é flexível, pois o próprio ambiente está em constante processo de mudança" (p. 92-93). Objetivamente, as trocas supõem a experiência de dar e receber, e podem ser de várias formas.

> Não gosto de categorias abstratas, mas a bem da clareza dividi o espectro das trocas em cinco segmentos: trocas altruísticas, implicando autossacrifício; trocas ganhar-ganhar, nas quais ambas as partes se beneficiam; trocas diferenciadas, nas quais os parceiros se conscientizam de suas diferenças; trocas de soma zero, nas quais uma das partes prevalece em detrimento da outra; e trocas tudo-para-um-só, nas quais uma das partes anula a outra. Em termos animais, esse espectro vai da formiga trabalhadora, que oferece o próprio corpo como alimento para outras formigas, ao lobo, cujas trocas com as ovelhas são invariavelmente letais; em termos humanos, o espectro vai de Joana D'Arc ao genocídio (SENNETT, 2012b, p. 93).

Para além dessa tipificação, o sociólogo pondera que se faz importante que a experiência modere a competição, a partir de trocas diferenciadas e dialógicas. A diferença torna-se importante para a cooperação, uma vez que "'diferente' não precisa ser melhor ou inferior; a sensação de ser diferente não precisa induzir uma comparação invejosa" (p. 104). O equilíbrio, dessa forma, é fabricado nos próprios rituais das relações sociais, pois depende da troca. Em torno disso, poderia ser destacado que "o ritual é uma forma especial encontrada pelo animal social humano para organizar as trocas equilibradas, rituais por nós inventados, rituais impregnados de paixão quando se tornam performances habilidosas" (p. 159). Em torno dos rituais, desde a religião até o trabalho artesanal, o autor entende que estes foram redimensionados a partir de Lutero.

Ainda nesse exercício de reconstituição histórica da cooperação, Sennett afirma que foi no contexto da Reforma que as trocas cooperativas tiveram um significativo impulso. No início da Modernidade, instauravam-se novas práticas culturais ligadas "à prática religiosa, à organização do trabalho nas oficinas e ao surgimento da civilidade entre diplomatas profissionais e nos comportamentos da vida cotidiana" (p. 159). O contexto da Reforma, conforme a abordagem sennettiana, transformou a cooperação, uma vez que Lutero propunha o desenvolvimento de novos rituais que fortaleciam a comunidade, diferenciando-se das organizações católicas centradas nos ritos religiosos.

Lutero buscou desenvolver outra organização social para os ritos. Sua teologia intencionava "atrair os fiéis com palavras e canções nas línguas nativas, em parte por estar convencido de que os rituais medievais tinham passado a excluir as pessoas comuns de qualquer participação direta na religião" (p. 124). A preocupação do reformista estava em não reduzir a participação à performance, mantendo o sujeito engajado efetivamente na busca de Deus e de sua mudança pessoal.

> O estado de espírito de Lutero mais se adaptava, em minha opinião, à troca diferenciada: ao escolher aproximar-se mais de Deus, sem impedimento, o crente protestante devia tornar-se cada vez mais consciente do quanto a condição humana é

diferente da divina. Removam-se os filtros do ritual, especialmente o esplendor dos rituais teatrais, e a maior proximidade de Deus torna o crente sempre mais consciente do estado pecaminoso da humanidade (SENNETT, 2012b, p. 130).

Além da religião, outro espaço que fomentou as práticas cooperativas foram as oficinas. Com as mudanças na produção trazendo inovações técnicas, as oficinas foram se tornando espaços de trocas dialógicas. Rompia-se, então, as relações hierárquicas das oficinas medievais e ensaiava-se um novo procedimento, que "poderia unir os artesãos na luta pela sobrevivência" (p. 143). A experimentação no uso das novas ferramentas, gerando discussões abertas sobre "como fazer", conduziu ao próprio desenvolvimento da ciência, entre os séculos XVI e XVII. A conversa como meio privilegiado de interação desencadeou uma terceira mudança importante: a emergência da civilidade.

No século XVI ocorre um deslocamento nos padrões comportamentais europeus, da cortesia para a civilidade. Enquanto a cortesia ocorria nos castelos, tal como a galanteria, a civilidade emerge em um período no qual "o castelo tornou-se cada vez mais um espaço cerimonial e social". É nessa época, também, que se organizam os processos de diplomacia, ou a "civilidade profissional". O legado das práticas de civilidade permitia compreender que as pessoas aprendem com as outras, através de "um debate aberto e inquisidor a respeito dos problemas, procedimentos e resultados" (p. 157). Inspirado em Norbert Elias, Sennett define que a importância da civilidade vinculava-se ao autocontrole. Em outras palavras, "pressupunha um certo sentimento de si mesmo: subjuntivo ou indireto, irônico ou contido em sua expressão, mas não autodepreciativo" (p. 157).

Ao longo dessa seção procurei revisitar os modos pelos quais o pensamento sennettiano reconstrói historicamente as práticas de cooperação. Na obra *Juntos*, ora em estudo, o sociólogo indica que a cooperação dialógica, enquanto prática caracterizada por trocas informais, poderia ser remetida para os sentidos de solidariedade da questão social francesa dos anos

1900, para as oficinas como formas de organização do trabalho ou mesmo para os rituais religiosos da Reforma que reforçaram um sentimento comunitário. Porém, na Contemporaneidade, constatamos um enfraquecimento da cooperação, evidenciado tanto nas desigualdades sociais quanto no individualismo. Comentarei esse enfraquecimento a seguir.

Entre as desigualdades e o individualismo: por onde anda a cooperação?

No decorrer do século XX, a desigualdade enraizou-se no capitalismo predominante, ampliando seu alcance e multiplicando as suas formas. Ainda que a economia tenha se reconfigurado nesse período, as distâncias entre ricos e pobres aumentaram, transformando-se o capitalismo "em predador máximo" (SENNETT, 2012b, p. 164). A questão social, por outro lado, permaneceu tal como era no início do último século, visto que, na abordagem sennettiana, a coesão social no capitalismo é fraca. Em suas palavras, "o novo alcance da desigualdade parece apenas confirmar a gravidade de um velho mal" (p. 164).

Considerando a situação de vida da infância, em diferentes países, o autor infere que nas condições de uma cultura do consumo, através de "comparações odiosas", esses sujeitos vão tornando-se mais ansiosos e competitivos. O mercado para crianças, na acepção do autor, coloca em ação mecanismos de "personalização da desigualdade". As comparações indicam as posições desiguais e reforçam o distanciamento. "O consumo traz a comparação odiosa à esfera da vida concreta: o garoto de tênis descolados olha com desprezo para o colega, ou seja, você é um Mané porque está usando a roupa errada" (p. 173-174). No que se refere aos relacionamentos, a contemporaneidade também evidencia algumas questões problemáticas.

> A expressão "rede social" é de certa forma altamente enganosa. Assim como as crianças não confiam na publicidade impressa que leem, certas pesquisas recentes indicam que confiam menos em amigos e colegas presentes em pessoa do

que quando os veem na tela. O resultado disso é que se tornam dependentes da máquina em matéria de amizade (SENNETT, 2012b, p. 176).

O autor supõe que a desigualdade, desde a infância, aproxima-se da sociabilidade. Essa hipótese, contextualizando-a no Ocidente, indica que "as desigualdades impostas às crianças anglo-americanas as tornam menos sociáveis que as crianças de sociedades europeias mais igualitárias" (p. 180). É claro que o sociólogo não está responsabilizando as crianças, apenas evidenciando como as culturas contemporâneas alimentam as desigualdades através de sistemas de comparação que inviabilizam as práticas de cooperação. Outro aspecto que enfraquece a cooperação na atualidade são as próprias relações de trabalho.

De acordo com Sennett, as relações sociais desencadeadas no trabalho, atualmente, não fortalecem vínculos informais. Essas relações informais, no período em que o autor entrevistou trabalhadores braçais em Boston, eram caracterizadas por três elementos que instituíam um "triângulo social".

> De um lado, os trabalhadores devotavam um relutante respeito aos chefes e patrões respeitosos, que por sua vez devolviam em respeito igualmente relutante aos empregados dignos de confiança. Em um segundo lado, os trabalhadores conversavam livremente entre eles sobre seus respectivos problemas e davam cobertura aos colegas em dificuldades, fossem elas representadas por uma ressaca ou um divórcio. No terceiro lado davam uma mão quando necessário, cumprindo horas extras ou fazendo o trabalho de outros, sempre que alguma coisa desse errado temporária e drasticamente no local de trabalho (SENNETT, 2012b, p. 181-182).

Os lados do triângulo social descrito por Sennett – autoridade merecida, respeito mútuo e cooperação – davam os elementos básicos para organizar as relações de trabalho. Tratavam-se de relações de trabalho e de comprometimento mútuo, conforme assinala o autor. Com a mudança produtiva ocorrida no final de século XX, amplamente comentada nos capítulos anteriores, o triângulo social precisou ser alterado (ou desprezado), na medida em que as relações de curto prazo e meritocráticas não potencializam a experiência recíproca. O emprego de longo prazo fortalecia os elos de convivência e, como já vimos, permitia uma narrativa de vida estável.

O triângulo é desintegrado quando na nova cultura do capitalismo, no final dos anos 1990, a competitividade passa a ser o conceito estruturador das relações de trabalho. Emergem o isolamento, os comportamentos portáteis e a confiança é desgastada pela comparação odiosa. Conforme a analítica sennettiana, "a comparação odiosa baseada na competência tem um efeito particularmente corrosivo na confiança: é difícil confiar em alguém que consideramos incompetente" (p. 208). No limite, Sennett indica que as relações de curto prazo, em suas diferentes nuances, dissolvem a civilidade e, muitas vezes, inviabilizam a cooperação. Em consequência disso, como terceira característica do enfraquecimento da cooperação, aponta-se o individualismo.

Sob as condições descritas anteriormente, Sennett constata a constituição de um sujeito individualista e narcisista – um "eu que não coopera". O indivíduo se retira das formas de envolvimento social, tornando-se ansioso e complacente. A ansiedade seria materializada nas dificuldades em reconhecer seu lugar no mundo, aumentando o desejo de isolamento. A complacência, por outro lado, é um sentimento de manter "tudo como está", não enxergando a necessidade de mudanças ou rupturas. Em comum a ambos os sentimentos, de acordo com o sociólogo, é a sensação de "retirada".

Valendo-se de uma expressão de Tocqueville, Sennett nomeia como individualismo "a condição de uma pessoa retirada" (p. 229). Individualismo e indiferença, sob essa perspectiva, tornam-se conceitos próximos.

> Essa retirada parece uma receita certa de complacência: contamos com aqueles que se parecem conosco e simplesmente não nos importamos com os que não se parecem: mais que isso, quaisquer que sejam seus problemas são apenas problemas deles. O individualismo e a indiferença tornam-se gêmeos (SENNETT, 2012b, p. 230).

O autor apresenta, então, que atualmente vemos configurar-se uma forma de cooperação fraca e superficial. O século XX delineou uma ampliação das desigualdades, relações de trabalho meritocráticas e privilegiou a composição de uma cultura individualista. Sennett, todavia, evidencia que esse cenário não inviabiliza plenamente a cooperação; pelo contrário, é possível fortalecê-la enquanto uma habilidade necessária para a sociedade de nosso tempo. A seguir, ampliarei o tratamento dessa questão.

A cooperação como habilidade social

Para fortalecer a cooperação, Richard Sennett apresenta o trabalho dos artesãos em suas oficinas, a diplomacia cotidiana e o compromisso comunitário como alternativas. Quanto às oficinas, a hipótese do autor é de que "o trabalho físico pode induzir um comportamento social dialógico" (SENNETT, 2012b, p. 241). A habilidade técnica, nessa perspectiva, poderia ser evidenciada em duas formas: "fazer e consertar coisas". O trabalho do artesão, tal como o sociólogo já havia explorado em O artífice, diz respeito não somente às habilidades físicas, mas também associa-se à vida social.

O trabalho artesanal possui um ritmo próprio, bem como materializa rituais específicos em suas oficinas. Os gestos, os olhares e os jeitos de fazer, de forma compartilhada, caracterizam uma dimensão específica para o aprendizado de uma atividade. Tal aprendizagem, cumpre reiterar, não se dá de forma passiva, pois, "a opção por 'mostrar em vez de dizer' raramente implica em se manter totalmente calado, pois a pessoa à qual se mostra determinado gesto provavelmente fará perguntas, mas o mostrar vem antes de explicar" (p. 251). Os gestos tornam-se um meio informal, mas, ao mesmo tempo, podem revitalizar o triângulo social.

Outra noção advinda da oficina remete-se ao trabalho com a resistência, tanto dos materiais quanto das pessoas. Existe uma regra no trabalho artesanal que é a de "empregar força mínima". Isso significa desviar dos nódulos da madeira, ter boa relação com as ferramentas e fazer uso da sensibilidade. Conforme o sociólogo, "fazendo uso de força mínima, tanto física quanto socialmente, podemos nos tornar mais sensíveis ao ambiente, mais ligados a ele, mais envolvidos" (p. 256). Em torno disso, a arte de fazer consertos e a improvisação tornam-se habilidades revitalizadoras da cooperação, reconfigurando-a às condições sociais do presente.

A segunda alternativa apresentada por Sennett é a diplomacia cotidiana, na qual pelas conversas informais – com trocas dialógicas – as práticas cooperativas podem ser potencializadas. Nas palavras do autor, "a diplomacia cotidiana é uma maneira de lidar com pessoas que não entendemos, com as quais não conseguimos nos relacionar ou estamos em conflito" (p. 267). Tal como no artesanato, a regra da força mínima também poderia ser implementada nesse contexto. Com as mudanças no mundo do trabalho, já explicitadas acima, atreladas à ampliação do desemprego e das formas de desigualdade, o autor assinala que a gestão do conflito pode se dar pela conversa informal, entendendo-se com que seja diferente de nós.

Sennett esclarece, entretanto, que essa estratégia não se vincula a dinâmicas de "cura" ou de "busca de finais felizes". Antes disso, supõe que o reconhecimento da dependência mútua possibilita reconfigurar as relações sociais. As próprias pessoas aprendem essa habilidade, pois "em todas as culturas as pessoas aprendem a se relacionar pelo uso do tato e de alusões, ao mesmo tempo evitando afirmações muito contundentes" (p. 267). As reuniões informais, os acertos e conciliações fazem-se possíveis por exercícios de empatia, nas quais as pessoas disponibilizam-se a cooperar com as outras.

A terceira alternativa evidenciada pelo autor para fortalecer a cooperação é a prática do compromisso comunitário. Tomando como ponto de partida sua experiência pessoal em uma casa comunitária, Sennett explicita que "a fé, a identidade e a sociabilidade informal indicam caminhos através dos quais a comunidade entre os pobres e marginalizados pode servir de sustentação, mas não completamente" (p. 382). Em torno disso, esclarece que a comunidade não poderia ser reduzida a um gueto cultural, nem mesmo deveria supor uma negligência do Estado ou uma redução ao voluntariado. As práticas de cooperação, desenvolvidas no âmbito comunitário, promoveriam comprometimento e confiabilidade.

Valendo-se da noção weberiana de "vocação", o autor assinala que a comunidade como vocação poderia ser baseada na fé, nas comunidades simples ou nos prazeres da própria convivência coletiva. Tais formas de comprometimento nos recordam que "as questões de qualidade de vida contam na experiência cotidiana" (p. 327). A cooperação é uma prática comprometida.

> Gostaríamos de imaginar a comunidade, pelo contrário, como um processo de chegada ao mundo, um processo no qual as pessoas resolvam não só a questão do valor das relações pessoais diretas, mas também a dos limites dessas relações. Para os pobres ou marginalizados, os limites são políticos e econômicos; o valor é social. Embora a comunidade não possa preencher uma vida inteira, o fato é que promete prazeres bem concretos. Era o princípio pelo qual se orientava Norman Thomas, representando em minha opinião uma boa maneira de entender o valor da comunidade, quando não se vive em um gueto (SENNETT, 2012a, p. 328).

O pensador social, assim, reconhece que as práticas de cooperação podem ser fortalecidas através do trabalho artesanal, da diplomacia cotidiana e do compromisso comunitário.[30] Em comum a essas propostas encontramos o reconhecimento da cooperação como habilidade produzida como alternativa política, econômica e cultural aos pressupostos advindos do novo capitalismo. Relações dialógicas, trocas informais e empatia vislumbram-se como possibilidade de compreensão dos outros

---

[30] Ao comentar os desenvolvimentos recentes do pensamento sennettiano, no que tange ao tratamento das diferenças, Bauman (2013) destaca sua relevância para pensar as práticas educativas de nosso tempo. Conforme o pensador, trata-se de um desafio que "nós, em particular os pedagogos, teremos de enfrentar por muito tempo ainda, pois não há perspectiva de que o influxo de 'estranhos' diminua, e muito menos se interrompa" (p. 100).

e de si mesmo, capazes de mobilizar outros sentidos para um mundo delineado pelas comparações odiosas.

Repensar as relações entre educação e trabalho

Após termos revisado as principais contribuições das obras sennettianas *Juntos* e *O artífice*, neste momento procurarei evidenciar algumas de suas implicações para os estudos contemporâneos acerca das relações entre trabalho e educação. Escolhi priorizar neste momento este campo por considerar sua relevância acadêmica e, do ponto de vista investigativo, por auxiliar em minhas atuais reflexões sobre as políticas curriculares para o Ensino Médio. As pesquisas sobre as relações entre trabalho e educação são um campo fértil para o uso do pensamento sennettiano. Assim, para compor esse conjunto argumentativo, vou priorizar duas ressonâncias do pensamento social de Sennett para pensar sobre a educação contemporânea.

A primeira ressonância para as pesquisas educacionais de nosso tempo refere-se a uma ampliação dos sentidos contemporâneos sobre o trabalho, considerando o trabalho artesanal uma tarefa pública. Ao servir-se da metáfora da artesania para pensar o trabalho na sociedade atual, Sennett propõe novas relações entre o "pensar" e o "fazer". Isso significa que, do ponto de vista formativo, as pessoas aprendem muito sobre si mesmas na medida em que se dedicam ao seu trabalho. Considerando a habilidade artesanal como uma ferramenta para pensar a escolarização, de acordo com o autor, podemos posicioná-la como "um impulso a fazer o trabalho bem feito". Tal ferramenta apresenta-se de forma relevante, inclusive, para pensarmos os processos de formação de professores.

A habilidade artesanal seria uma produção derivada da inquietude do artífice, de sua consciência no uso dos materiais e no conhecimento da atmosfera de sua oficina. Uma característica desse arranjo formativo refere-se ao engajamento, isto é, à disposição e à capacitação desenvolvida em longo prazo. Exemplar, ainda nesse aspecto, é a proposição sennettiana da "regra das dez mil horas", como um tempo mínimo necessário para a formação de um artesão. O tempo faz-se necessário no processo formativo, sobretudo no período que ora experienciamos, no qual há uma predominância dos valores ligados à cultura do novo capitalismo. Vale ainda referir que a habilidade artesanal, do ponto de vista subjetivo, favorece com que os indivíduos invistam na qualidade de suas habilidades, não aguardando um retorno meritocrático, mas em busca do próprio desenvolvimento de suas habilidades.

A outra ressonância advinda do pensamento sennettiano para pensar as relações entre educação e trabalho aproxima-se das práticas cooperativas. Em nosso tempo, a sociedade tem "desabilitado" a cooperação, favorecendo um enfraquecimento do impulso pela cooperação. Em tais condições, Sennett defende o desenvolvimento de "habilidades dialógicas", que estimulem as pessoas a redimensionarem suas relações com o trabalho, através de novas formas de comprometimento mútuo. Para o fortalecimento das habilidades dialógicas, o sociólogo defende três possibilidades formativas, a saber: o trabalho artesanal, a diplomacia cotidiana e o compromisso comunitário.

Por fim, vale indicar que abrimos este capítulo trazendo elementos do filme *Clube de Compras Dallas*. Extraímos daquela narrativa cinematográfica, densa em elementos subjetivos, duas questões gerais. Seu personagem principal colocou-se como "artífice" de seu processo terapêutico, assim como instaurou relações cooperativas ao desenvolver um clube de compras que favorecesse a outras pessoas na mesma situação. O filme de Jean-Marc Vallée enuncia e visibiliza um sujeito que enfrenta as adversidades da sociedade capitalista e assume a tarefa pública de fabricar modos de vida alternativos. Em justaposição a isso, reconheço, ao longo deste capítulo, a relevância do pensamento sennettiano para a formação humana, especialmente no que tange às relações entre trabalho e educação. As noções de "habilidade artesanal" e "habilidade dialógica" produzem intensas e significativas ressonâncias para problematizarmos os processos formativos que ocorrem nas escolas públicas de nosso país.

Para finalizar – O Humanismo de Sennett

Para assinalar seu posicionamento ético e epistemológico, em elaboração recente, Richard Sennett procurou apontar os sentidos do "humanismo". Em um contexto contemporâneo, delineado pelo curto prazo e pela intensa competitividade, o sociólogo escolheu retomar, historicamente, o projeto humanista, reconhecendo que "um velho ideal humanista pode nos ajudar a dar forma a suas vidas" (SENNETT, 2011, p. 21). Considerando a relação entre "deslocamento e humanismo", propõe que a perspectiva de Pico della Mirandola é um exemplar significativo desse tipo de pensamento. Essa escolha justifica-se pela definição de Deus esboçada pelo pensador renascentista, conceito entendido como um "Mestre Artesão" que criou uma obra indeterminada, na qual cada indivíduo define-se a si próprio, ao mover-se no mundo. O desafio derivado do humanismo renascentista é a questão da "unidade na diferença". De acordo com Sennett, precisamos valorizar a "voz" das narrativas individuais e a "diferença" advinda da arte da convivência.

Quanto ao primeiro aspecto, Sennett retoma seus estudos elaborados nos últimos 25 anos, nos quais constatou que, no capitalismo contemporâneo, as narrativas de vida enfraqueceram-se. Um jovem universitário, provavelmente, trocará de emprego por doze vezes e por, pelo menos, três vezes modificará sua "base de aptidões" na vida profissional. Nessa direção, de acordo com o autor, "o fluxo do tempo enfraquece suas forças de narradores; só conseguem ver pequenas partes de sua vida no trabalho" (p. 23). Não conseguindo planejar a longo prazo sua vida profissional, as pessoas demonstram incerteza sobre o andamento de suas vidas, tendo de administrar a ansiedade e o estresse. O caráter flexível de seu local de trabalho "parece ilegível: o caráter camaleônico das organizações, por exemplo, faz as pessoas terem dificuldade de calcular o que possa ocorrer se mudarem de emprego" (p. 23).

Ao mesmo tempo, a dimensão caótica da vida social desregula o entendimento sobre sua ação nas organizações. Conforme Sennett, em um exercício de sistematização, "uma forma de resumir o conflito entre o tempo desregulamentado e de curtos prazos e o curso da vida humana é de que enquanto se acumula experiências de trabalho, esta diminui em valores econômicos" (p. 23). Em razão disso o sociólogo defende que o indivíduo contemporâneo – o trabalhador comum – tem a necessidade de reencontrar sua própria voz. Inspirado no pensamento humanista, defende que esse sujeito, "como os antepassados renascentistas, tem de achar os princípios da continuidade e da unidade necessários para a experiência material" (p. 24). A voz, então, apresenta-se como importante elemento para a busca pela unidade, pela busca do distanciamento crítico em relação ao mundo e pela busca de nós mesmos.

O segundo aspecto destacado por Sennett, inspirado no pensamento humanista, é a valorização da diferença. Ainda se valendo da experiência de Pico della Mirandola, expõe que o pensamento renascentista conseguiu "celebrar o impacto da diferença no eu" (SENNETT, 2011, p. 25). Com isso, sob tais condições, "o estado renascentista [pode ser representado] como 'uma obra de arte', significando que a política pode ser moldada e criada em vez de simplesmente seguir formas herdadas" (p. 25). Os valores humanos centrados na diferença encontraram nas oficinas um espaço privilegiado para seu desenvolvimento.

Os referidos valores distanciam-se das formas contemporâneas ancoradas na ideia de tolerância. De acordo com Sennett (2011), a tolerância pode ser uma forma de indiferença mútua; por isso, propõe a retomada da perspectiva da cooperação informal.

O preceito dominante da oficina moderna foi o de que a cooperação informal e ilimitada era a melhor forma de experimentar a diferença. Importa cada um dos termos desse preceito. "Informal" significa que os contatos entre as pessoas de habilidades e interesses diferenciadores são ricos quando confusos, fracos quando são regulados, como as reuniões maçantes que seguem estritamente o protocolo. "Ilimitada" significa que se quer descobrir o que a outra pessoa está a ponto de ser sem saber as consequências disso; em outras palavras, que se evitar a regra de ferro da utilidade que estabelece de antemão objetivos fixos – um produto, o objetivo de uma política. "Cooperação" é o termo mais simples e mais importante, supõe-se que as diferentes partes ganham através da troca, em vez de uma parte ganhar à custa dos outros (SENNETT, 2011, p. 26).

A aposta sennettiana em práticas de cooperação, informais e ilimitadas, é apresentada como alternativa aos caminhos profissionais marcados pela rigidez e pela competição. Ao mesmo tempo, como alternativa às práticas educativas, fomentando relações abertas, narrativas de longo prazo e o combate às desigualdades. Para tanto, defende o uso do rótulo "humanista", compreendendo-o como "um símbolo de honra, e não a denominação de uma visão de mundo esvaziada" (p. 30). Tal forma de humanismo, na perspectiva defendida pelo autor e mencionada anteriormente, não assume um estado de nostalgia; mas, antes disso, lembra-nos que se trata de um projeto a ser realizado. Desafia-nos a pensar os valores humanistas como medidas de "apreciação" da sociedade contemporânea, capazes de potencializar outros modelos de formação humana.

Exemplar nessa direção é o modo pelo qual Sennett (2007) tem examinado as cidades contemporâneas, considerando-as cada vez mais impessoais e estandardizadas. Defende que os espaços urbanos deveriam capacitar-nos a elaborar um olhar mais complexo acerca da condição humana. Em suas palavras, "a cidade é um lugar onde as pessoas podem aprender a viver com estranhos, a compartilhar experiências e interesses com vidas alheias às suas" (p. 19). Tais espaços, então, favoreceriam um olhar mais atento para si e para os outros, escapando de esquemas identitários predefinidos. O estar e o viver nas cidades, na perspectiva humanista defendida por Sennett, garantiria uma melhor relação com a diferença, ao mesmo tempo em que combateria "a falta de compromisso mútuo" (p. 21).

Enfim, ao longo da presente obra procurei mapear algumas contribuições do pensamento sennettiano para o estudo contemporâneo das políticas e práticas educativas. Nos dois primeiros capítulos, ao revisar suas análises críticas da cultura do novo capitalismo, consegui sinalizar os modos pelos quais, na atualidade, as práticas educativas têm sido direcionadas para a busca de aptidões portáteis e tendem a produzir vulnerabilidades permanentes. Com essa agenda formativa, advindas do primado da flexibilidade e da apologia ao curto prazo, adquire ênfase a noção de meritocracia, em detrimento das condições laborais marcadas pela perícia. Nos capítulos finais, inspirado pelas noções de artesania e cooperação informal, o pensamento de Richard Sennett mobiliza-nos a pensar em condições formativas delineadas pelas habilidades artesanais e pelas habilidades dialógicas. Sem a pretensão de produzir verdades universais ou determinar condições inerentes ao processo de formação humana, do ponto de vista metodológico, o autor desafia-nos a pensar seus conceitos como construções fabricadas no âmbito social. Da mesma forma, em seus últimos textos, ao dialogar com o pensamento renascentista, defende a importância de devolver sentido às narrativas existenciais das pessoas, ao mesmo tempo em que valorizamos as diferenças e o compromisso mútuo. A leitura do pensamento social de Richard Sennett, então, produz importantes ressonâncias para a compreensão da educação de nosso tempo, da mesma forma que potencializa novas oportunidades de entendimento das diferentes tramas políticas que perfazem a escola na cultura do novo capitalismo.

Indicações bibliográficas

Artigos e ensaios

Una ciudad flexible de extraños
Ensaio escrito por Richard Sennett e publicado inicialmente no *Le Monde Diplomatique*. Sugiro a leitura em espanhol, disponível na revista *ARQ*, da Pontifícia Universidad Católica de Chile (2007).
<http://www.scielo.cl/pdf/arq/n66/art03.pdf>

Las organizaciones contemporáneas tipo mp3 y su influencia cultural
Texto elaborado pelo pesquisador colombiano Hugo Macías Cardona e publicado na revista *Apuntes del CENES* (2011).
<http://dialnet.unirioja.es/servlet/articulo?codigo=3724560>

Capacitações perecíveis do trabalhador: a busca de saberes comportamentais e técnicos no novo capitalismo
Artigo de Maurício dos Santos Ferreira, publicado na revista *Educação e Sociedade* (2014). Versa sobre as estratégias de atualização permanente que a cultura do novo capitalismo impôs aos perfis profissionais contemporâneos.
<http://www.scielo.br/scielo.php?script=sci_arttext&pd=S010173302014000100012&lng=en&nrm=iso&tlng=pt>

Políticas de escolarização e governamentalidade nas tramas do capitalismo cognitivo: um diagnóstico preliminar

Publicado na revista *Educação e Pesquisa*, da USP (2013). Nesse artigo procuro estabelecer um breve diagnóstico das atuais políticas de escolarização, engendradas sob as condições de uma cultura do novo capitalismo.
<http://www.scielo.br/scielo.php?pid=S151797022013000300009&script=sci_arttext>

Modernidade líquida, capitalismo cognitivo e educação contemporânea

Neste artigo, publicado na revista *Educação e Realidade* (2009), Karla Saraiva e Alfredo Veiga-Neto mostram algumas transformações recentes do capitalismo neoliberal e seus desdobramentos para o campo da educação.
<http://www.seer.ufrgs.br/index.php/educacaoerealidade/article/view/8300/5538>

Biografia e informações pessoais

Richard Sennett

Site pessoal de Richard Sennett. Disponibiliza dados biográficos, curriculum vitae, entrevistas, indicações de leitura e breves comentários sobre suas obras.
<http://www.richardsennett.com/site/senn/templates/home.aspx?pageid=1&cc=gb>

Professor Richard Sennett

Perfil de Richard Sennett na página do Departamento de Sociologia da London School of Economics an Political Science, seu espaço de atuação profissional desde o final da década de 1980.
<http://www.lse.ac.uk/sociology/whoswho/academic/sennett.aspx>

Richard Sennett

Perfil do autor na página da New York University, onde também atua no Departamento de Sociologia.
<http://sociology.as.nyu.edu/object/richardsennett.html>

Inner-City Scholar
Texto escrito por Melissa Benn para o jornal The Guardian, no ano 2001, comentando aspectos biográficos e a relevância do pensamento sociológico de Richard Sennett para a compreensão do presente.
<http://www.theguardian.com/books/2001/feb/03/books.guardianreview4>

Entrevistas

La sociología como una de las bellas artes. Entrevista con Richard Sennett
Publicada nas revistas *Trabajo y Sociedad*, em (2009) e *Minerva* ([s.d.]). Apresenta uma importante reflexão sobre o trabalho do sociólogo.
<http://www.revistaminerva.com/articulo.php?id=47http://www.scielo.org.ar/scielo.php?script=sci_arttext&pid=S1514-68712009000200010&lang=pt>

'Temos que valorizar a diferença': entrevista com Richard Sennett
Entrevista de Richard Sennett para o Suplemento Literário do jornal *O Globo*, publicada em agosto de 2012. O autor defende que precisamos repensar as cidades para favorecer o desenvolvimento da cooperação.
<http://oglobo.globo.com/blogs/prosa/posts/2012/08/11/temos-que-valorizar-diferenca-entrevista-com-richard-sennett-459740.asp>

"Ser progressista é querer desmembrar o Google", diz sociólogo
Entrevista de Richard Sennett ao jornal *Folha de S. Paulo*, no dia 1º de setembro de 2013. Versa sobre alguns de seus posicionamentos políticos recentes defendendo, por exemplo, que "os progressistas estão em falta, especialmente nos Estados Unidos".
<http://www1.folha.uol.com.br/mercado/2013/09/1335003-ser-progressista-e-querer-desmembrar-o-google-diz-sociologo.shtml>

Richard Sennett – Entrevista Exclusiva
Entrevista concedida a Fernando Schüller e Mário Mazzilli para o projeto Fronteiras do Pensamento. O sociólogo comenta aspectos de sua trajetória pessoal, desde sua saída da música até suas influências intelectuais.
<https://www.youtube.com/watch?v=Rq2HJK-tuf0>

O tempo para as notícias
Entrevista concedida por Richard Sennett ao programa Milênio, da Globo News, exibido no Brasil em setembro de 2012. Versa sobre a importância de uma reflexão sobre o trabalho e as formas de valorizar a cooperação.
<http://g1.globo.com/globo-news/milenio/platb/tag/tempo/>

An Interview with Richard Sennett
Entrevista de Richard Sennett para a importante revista literária *Brick*, realizada durante sua passagem por Toronto. Faz um breve levantamento de seus estudos recentes, bem como sinaliza seu posicionamento político envolvendo questões como a globalização, desemprego e práticas culturais ligadas ao trabalho.
<http://brickmag.com/interview-richard-sennett>

Juntos agora. Entrevista com Richard Sennett
Entrevista concedida ao Instituto Humanistas Unisinos (IHU) e publicada em agosto de 2012 na revista *IHU On-Line*. Brevemente são comentados aspectos referentes aos seus dois últimos livros.
<http://www.ihu.unisinos.br/noticias/512802-juntos-agora>

Referências

BALL, Stephen J. Performatividades e fabricações na Economia Educacional: rumo a uma sociedade performativa. *Educação e Realidade*, Porto Alegre, v. 35, n. 2, p. 37-55, 2010.

BALL, Stephen J. Privatising education, privatising education policy, privatising educational research: network governance and the "competition state". *Journal of Educational Policy*, v. 24, n. 1, p. 83-99, 2009.

BAUMAN, Zygmunt. *A sociedade individualizada: vidas contadas e histórias vividas*. Rio de Janeiro: Zahar, 2008.

BAUMAN, Zygmunt. *Confiança e medo na cidade*. Rio de Janeiro: Zahar, 2009.

BAUMAN, Zygmunt. *Globalização: as consequências humanas*. Rio de Janeiro: Zahar, 1999.

BAUMAN, Zygmunt. *Modernidade líquida*. Rio de Janeiro: Zahar, 2001.

BAUMAN, Zygmunt. *Sobre educação e juventude*. Rio de Janeiro: Zahar, 2013.

BAUMAN, Zygmunt. *Vida a crédito: conversas com Citlali Rovirosa-Madrazo*. Rio de Janeiro: Zahar: 2010.

BECK, Ulrich. A reinvenção da política: rumo a uma teoria da modernização reflexiva. In: GIDDENS, Anthony; LASH, Scott; BECK, Ulrich (Orgs.). *Modernização reflexiva: política, tradição e estética na ordem social moderna*. 2. ed. São Paulo: Editora Unesp, 2012. p. 11-87.

BELL, Daniel. *O advento da sociedade pós-industrial: uma tentativa de previsão social.* São Paulo: Cultrix, 1977.

CASTEL, Robert. As transformações da questão social. In: CASTEL, Robert; WANDERLEY, Luiz Eduardo W.; BELFIORE-WANDERLEY, Mariangela. *Desigualdade e a questão social.* 3. ed. São Paulo: EDUC, 2011. p. 277-306.

DELEUZE, Gilles. *Conversações.* São Paulo: Editora 34, 1992.

DRUCKER, Peter. *Sociedade pós-capitalista.* São Paulo: Pioneira Thomson Learning, 1993.

ÉPOCA. Caráter se aprende na escola. Edição de 18 de outubro de 2013, p. 59-62.

FERREIRA, Maurício dos Santos. Capacitações perecíveis do trabalhador: a busca de saberes comportamentais e técnicos no novo capitalismo. *Educação & Sociedade*, Campinas, v. 35, n. 126, p. 197-214, 2014.

FOUCAULT, Michel. *Segurança, território, população.* São Paulo: Martins Fontes, 2008.

HARDT, Michael; NEGRI, Antonio. *Império.* 4. ed. Rio de Janeiro: Record, 2002.

LAVAL, Christian. *La escuela no es una empresa.* Barcelona: Paidós, 2004.

LAZZARATO, Maurizio. *As revoluções do capitalismo.* Rio de Janeiro: Civilização Brasileira, 2006.

LIBÂNEO, José Carlos. O dualismo perverso na escola pública brasileira: escola do conhecimento para os ricos, escola do acolhimento social para os pobres. *Educação e Pesquisa*, São Paulo, v. 38, n. 1, p. 13-28, 2012.

LIMA, Licínio C. *Aprender para ganhar, conhecer para competir.* São Paulo: Cortez, 2012.

LIPOVETSKY, Gilles. *Os tempos hipermodernos.* São Paulo: Barcarollá, 2004.

PACHECO, José A.; PESTANA, Tania. Globalização, aprendizagem e trabalho docente: análise das culturas de performatividade. *Educação PUCRS*, Porto Alegre, v. 37, n. 1, p. 24-32, 2014.

POPKEWITZ, Thomas S. Standards and making the citizen legible. *Journal of Learning Sciences*, v. 13, n. 2, p. 243-256, 2004.

SARAIVA, Karla; VEIGA-NETO, Alfredo. Modernidade líquida, capitalismo cognitivo e educação contemporânea. *Educação e Realidade*, Porto Alegre, v. 34, n. 2, p. 187-201, 2009.

SASSEN, Saskia; SENNETT, Richard. El barrio abierto: entrevista a Saskia Sassen y Richard Sennett. *Horizontal*, México, p. 1-6, 13 maio 2015.

SCHÜLER, Fernando. A estética da cooperação. *Folha de S. Paulo*, São Paulo, 24 abr. 2015. Encarte FolhaFronteiras, p. 2.

SENNETT, Richard. *A corrosão do caráter: consequências pessoais do trabalho no novo capitalismo*. Rio de Janeiro: Record, 1999.

SENNETT, Richard. *A cultura do novo capitalismo*. Rio de Janeiro: Record, 2006.

SENNETT, Richard. *Autoridade*. 2. ed. Rio de Janeiro: Record, 2012a.

SENNETT, Richard. *Carne e pedra: o corpo e a cidade na civilização ocidental*. 3. ed. Rio de Janeiro: Record, 2003b.

SENNETT, Richard. Humanism. *The Hedgehog Review*, v. 13, n. 2, p. 21-30, summer 2011.

SENNETT, Richard. *Juntos: os rituais, os prazeres e a política da cooperação*. Rio de Janeiro: Record, 2012b.

SENNETT, Richard. La sociología como una de las bellas artes. *Trabajo y Sociedad*, Santiago del Estero, n. 13, p. 1-5, dic. 2009.

SENNETT, Richard. *O artífice*. Rio de Janeiro: Record, 2013.

SENNETT, Richard. *O declínio do homem público: as tiranias da intimidade*. São Paulo: Companhia das Letras, 1988.

SENNETT, Richard. *Respeito: a formação do caráter em um mundo desigual*. Rio de Janeiro: Record, 2003a.

SENNETT, Richard. Una ciudad flexible de extraños. *ARQ*, Santiago, n. 66, p. 19-23, ago. 2007.

SIBILIA, Paula. *Redes ou paredes: a escola em tempos de dispersão*. Rio de Janeiro: Contraponto, 2012.

SILVA, Roberto Rafael Dias da. *A constituição da docência no Ensino Médio no Brasil contemporâneo: uma analítica de governo*. 2011.

215 f. Tese (Doutorado em Educação) – Universidade do Vale do Rio dos Sinos, São Leopoldo, 2011.

SILVA, Roberto Rafael Dias da. Políticas de constituição do conhecimento escolar para o Ensino Médio no Rio Grande do Sul: uma analítica de currículo. *Educação em Revista*, v. 30, n. 1, p. 127-156, 2014.

SILVA, Roberto Rafael Dias da. Políticas de escolarização e governamentalidade nas tramas do capitalismo cognitivo: um diagnóstico preliminar. *Educação e Pesquisa*, São Paulo, v. 39, n. 3, p. 689-703, jul.-set. 2013.

SILVA, Roberto Rafael Dias da. Universitários flexíveis: a gestão dos talentos no capitalismo contemporâneo. *Educação (UFSM)*, Santa Maria, v. 35, n. 2, p. 259-272, maio-ago. 2010.

SILVA, Roberto Rafael Dias da. *Universitários S/A: estudantes universitários nas tramas de Vestibular/ZH*. São Leopoldo: Unisinos, 2008. 166 f. Dissertação (Mestrado em Educação) – Programa de Pós-Graduação em Educação, Universidade do Vale do Rio dos Sinos, São Leopoldo, 2008.

SILVA, Roberto Rafael Dias da; FABRIS, Elí Terezinha Henn. Docências inovadoras: a inovação como atitude pedagógica permanente no ensino médio. *Educação (PUCRS)*, Porto Alegre, v. 36, n. 2, p. 250-261, maio-ago. 2013.

SILVA, Roberto Rafael Dias da; FABRIS, Elí Terezinha Henn. O jogo produtivo da educabilidade/governamentalidade na constituição de sujeitos universitários. *Revista Brasileira de Educação*, Rio de Janeiro, v. 15, n. 44, p. 352-363, maio-ago. 2010.

SILVA, Roberto Rafael Dias da; FABRIS, Elí Terezinha Henn. Os universitários como um público: educação e governamentalidade neoliberal. *Educação e Realidade*, Porto Alegre, v. 37, n. 3, p. 905-921, set.-dez. 2012.

SLOTERDJIK, Peter. *Sobre la mejora de la buena nueva: el "quinto" evangelio según Nietzsche*. Madrid: Siruela, 2005.

TOURAINE, Alain. *Um novo paradigma para compreender o mundo de hoje*. 4. ed. Petrópolis: Vozes, 2011.

UNESCO. Reforma da educação secundária: rumo à convergência entre a aquisição de conhecimentos e o desenvolvimento de habilidades. Brasília: UNESCO, 2008.

VEIGA-NETO, Alfredo. Delírios avaliatórios: o currículo desvia para a direita ou um farol para o currículo. In: FAVACHO, André Márcio Picâncio; PACHECO, José Augusto; SALES, Shirlei Rezende (Orgs.). *Currículo, conhecimento e avaliação: divergências e tensões.* Curitiba: CRV, 2013. p. 155-175.

VEIGA-NETO, Alfredo. Dominação, violência, poder e educação escolar em tempos de Império. In: VEIGA-NETO, Alfredo; RAGO, Margareth (Orgs.). *Figuras de Foucault.* Belo Horizonte: Autêntica, 2006. p. 13-38

VEIGA-NETO, Alfredo. Educação e governamentalidade neoliberal: novos dispositivos, novas subjetividades. In: CASTELO BRANCO, Guilherme; PORTOCARRERO, Vera (Orgs.). *Retratos de Foucault.* Rio de Janeiro: Nau, 2000. p. 179-217. p. 179-217

Dados biográficos de Richard Sennett

1943 – Nascimento de Richard Sennett em Chicago, nos Estados Unidos

1956 a 1962 – Período em que estudou música na Juilliard School, de Nova York

1964 – Graduou-se em Sociologia pela Universidade de Chicago

1969 – Obteve seu PhD em Harvard

1973 – Iniciou suas atividades como professor na New York University

1977 – Publicou sua primeira grande obra sociológica, *O declínio do homem público*

1980 – Publicou a obra *Autoridade*

1982-1987 – Dedicou-se ao campo literário, publicando três livros

1988 – Assumiu o cargo de professor na London School of Economics

1988-1993 – Coordenou a Comissão de Estudos Urbanos da Unesco

1998 – Publicou a obra *A corrosão do caráter*

1999 – Recebeu o prêmio europeu Amalfi de Sociologia e Ciências Sociais

1999 – Recebeu o prêmio Friedrich Ebert de Sociologia

2002 – Publicou o livro *Respeito: a formação do caráter em um mundo desigual*

2006 – Publicou a obra *A cultura do novo capitalismo*

2006 – Recebeu o prêmio Hegel na cidade de Stuttgart, Alemanha

2008 – Publicou a obra *O artífice*

2008 – Recebeu os prêmios: The European Craft Prize, The Gerda Henkel Prize e The Tessenow Prize

2010 – Recebeu o prêmio Spinoza

2012 – Publicou a obra *Juntos: os rituais, os prazeres e a política da cooperação*

Sobre o Autor

Doutor (2011) e mestre (2008) em Educação pela Universidade do Vale do Rio dos Sinos (UNISINOS), e licenciado em Pedagogia (2005) pela Universidade Estadual do Rio Grande do Sul (UERGS). Foi docente e coordenador pedagógico do ensino médio na rede pública estadual (RS). Foi professor da Universidade Federal da Fronteira Sul (UFFS), atuando nos campi de Erechim (RS) e de Chapecó (SC). Atualmente é professor do Programa de Pós-Graduação em Educação da Universidade de Caxias do Sul (UCS), no qual atua na linha de pesquisa História e Filosofia da Educação. Investiga principalmente as seguintes temáticas: políticas de escolarização, currículo e conhecimento escolar, ensino médio e relações entre educação e capitalismo contemporâneo.

Endereço eletrônico:
robertoddsilva@yahoo.com.br.

Este livro foi composto com tipografia Minion Pro e impresso
em papel Off Set 75 g/m² na Formato Artes Gráficas.